어른들을 위한 가장 쉬운
스마트폰

어른들을 위한 가장 쉬운
스마트폰

어른들을 위한 가장 쉬운 스마트폰

어른들을 위한 가장 쉬운 스마트폰

초판 인쇄일 2020년 10월 15일
초판 발행일 2020년 10월 22일
2쇄 발행일 2022년 4월 11일

지은이 구홍림
발행인 박정모
등록번호 제9−295호
발행처 도서출판 혜지원
주소 (10881) 경기도 파주시 회동길 445−4(문발동 638) 302호
전화 031) 955−9221~5 **팩스** 031) 955−9220
홈페이지 www.hyejiwon.co.kr

기획 · 진행 김태호
본문 디자인 조수안
표지 디자인 이영은, 조수안
영업마케팅 황대일, 서지영
ISBN 978−89−8379−509−0
정가 13,000원

이 도서의 국립중앙도서관 출판시도서목록(CIP)은 서지정보유통지원시스템 홈페이지(http://seoji.nl.go.kr)와
국가자료공동목록시스템(http://www.nl.go.kr/kolisnet)에서 이용하실 수 있습니다.(CIP제어번호: CIP2020042008)

최신
개정판

어른들을 위한 가장 쉬운
스마트폰

혜지원

머리말

특정 연령대의 전유물이라고 생각되던 스마트폰이 전 연령대에 걸쳐 널리 사용하게 된 것이 몇 년 되었습니다.

스마트폰은 손 안의 컴퓨터라고도 하며 생활에 많은 변화를 가져왔습니다.

컴퓨터로만 할 수 있다고 생각하던 인터넷, 게임 등은 물론이고 컴퓨터에서 하지 못하던 사진 찍기, 길 찾기, 사진 변환 등 상상할 수 있는 모든 것들을 스마트폰으로 할 수 있게 되었습니다.

스마트폰을 사용하고 있지만 아직도 많은 기능을 활용하지 못하는 경우가 있습니다. 이 책은 **스마트폰을 사용하고 있지만 기능에 익숙하지 않은 분들을 위한 책**입니다.

익숙하지 않기 때문에 반복해서 여러 번 설명한 부분들이 있습니다.

손에 익히고 연습해서 **스마트폰의 편리한 기능들**을 여러분의 생활에서 유용하게 사용하게 되기를 바랍니다.

일반적으로 많은 사람들이 많이 사용하고 있는 기능을 중심으로 설명하였습니다.
스마트폰 제조 회사마다 약간씩 다를 수 있지만 일반적인 기능은 같습니다.
배우고 또 익혀서 여러분의 생활에 도움이 되었으면 하는 바람입니다.

저자 주홍검

목차

제 01장

스마트폰으로 할 수 있는 것들

스마트폰으로는 많은 것들을 할 수 있지만

그중에서 가장 대표적으로 할 수 있는 것들을 알아보겠습니다.

전화 걸고 받기(문자 포함)

전화를 걸고 받을 수 있으며 문자를 주고 받을 수 있습니다.

사진 찍기

대부분의 스마트폰은 고화질의 사진과 동영상을 찍을 수 있습니다.

다른 사람과 대화 나누기

카카오톡 등의 메신저를 이용하면 무료로 대화를 나눌 수 있을 뿐 아니라 사진이나 인터넷 링크 등을 보내고 받을 수 있습니다.

대중교통 길찾기

버스나 지하철 등의 노선을 쉽게 찾을 수 있을 뿐 아니라 내비게이션 앱을 이용하면 실시간 빠른 길 찾기도 할 수 있습니다.

쇼핑하기	동영상(음악) 감상하기
쇼핑몰이나 백화점 등에 가지 않고도 편하게 앉아서 물건을 구매할 수 있습니다.	카메라 기능을 이용하여 찍은 동영상이나 다른 사람에게 받은 동영상, 음악 파일 등을 감상할 수 있습니다.

날씨 알아보기	인터넷
뉴스를 보지 않고도 내가 현재 있는 위치의 날씨를 알 수 있습니다.	인터넷을 이용하여 뉴스를 검색하거나 필요한 정보를 찾을 수 있습니다.

사진 꾸미기	생활편의
카메라를 이용하여 찍은 사진을 예쁘게 변형할 수 있습니다.	현재 위치를 기준으로 약국, 병원, 응급센터 등을 찾을 수 있습니다.

친구들 사귀기	**게임**
나와 같은 취미를 가지고 있거나 같은 학교, 동향 등의 사람을 찾아서 교류를 나눌 수 있습니다.	바둑이나 장기, 고스톱과 같은 게임에서 부터 요즘 새롭게 나오는 게임도 실시간으로 즐길 수 있습니다.
	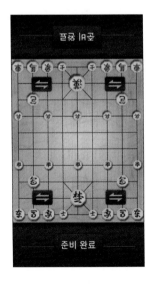

제 02장

스마트폰의 기본 사용법

스마트폰은 화면을 손가락으로 눌러서 원하는 일을 실행합니다.

스마트폰의 기본적인 사용법에 대해 알아보겠습니다.

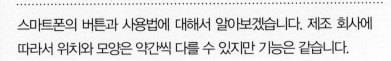

Section 01 스마트폰의 버튼 사용법

스마트폰의 버튼과 사용법에 대해서 알아보겠습니다. 제조 회사에 따라서 위치와 모양은 약간씩 다를 수 있지만 기능은 같습니다.

참고! 책에서 다루는 화면 사진 중에는 아래의 세 가지 버튼이 안 나와 있는 경우가 대부분입니다. 버튼을 누르라고 하는 경우에는 설명 바로 옆에 같이 나와 있는 이미지에 해당하는 버튼을 누르면 됩니다.

❶ 전원 버튼 : 전원 버튼을 잠깐 누르면 화면이 꺼집니다. 다시 누르면 화면이 켜집니다. 오래 누르면 전원을 아예 끄거나 껐다가 다시 켤 수도 있습니다.

❷ 볼륨 조절 버튼 : 음성의 볼륨을 조절하는 것으로 위쪽을 누르면 볼륨이 커지고 아래쪽을 누르면 볼륨이 작아집니다.

❸ 취소(뒤로) 버튼 : 현재 실행 중인 앱이나 작업을 취소하거나 한 단계 뒤로 화면이 이동합니다. 기기 제조 회사에 따라서 ↩ 모양인 경우도 있습니다.

❹ 홈 버튼 : 현재 실행 중인 앱에서 홈 화면으로 바로 돌아옵니다.

❺ 메뉴 버튼 : 현재 실행 중인 앱의 목록을 보여 줍니다. 앱 전체의 사용을 취소할 수 있습니다. 기기 제조 회사에 따라서 인 경우도 있습니다.

참고! 앱이란 애플리케이션의 줄임말입니다. 인터넷, 게임 등 스마트 기기에서 돌아가는 다양한 응용 프로그램을 의미합니다.

Section 02

앱 실행하고 홈 버튼을 눌러서 홈 화면으로 돌아오기

앱을 실행한 후 홈 버튼을 눌러서 홈 화면으로 돌아와 보겠습니다.

01 [전화]를 누릅니다. 전화를 걸어 통화를 한 후 [홈 버튼(⬤)]을 누릅니다.

'전화'를 누릅니다.

통화가 끝나면 누릅니다.

02 홈 화면으로 바로 돌아옵니다.

전원 끄고 / 켜기

전원 버튼을 오래 눌러서 스마트폰의 전원을 아예 끄거나 전원을
잠시 껐다가 다시 켜 보도록 하겠습니다.

01 전원 버튼을 5초 정도 누릅니다. 나타나는 메뉴에서 [전원 끄고 다시 시
작]을 누릅니다. 스마트폰이 꺼졌다가 다시 켜집니다.

전원 버튼
을 길게
누릅니다.

• 앞으로 이 책에서 특별한 설명 없이 ✋ 표시만 있는 경우는 손가락으로 누르라는 뜻입니다.
• 핸드폰에 따라 전원 버튼이 뒷면에 있는 경우도 있습니다.

Section 04

실행 중인 앱 모두 종료하기

한 번이라도 실행한 앱은 종료하지 않은 이상 계속해서 실행되고
있습니다. 실행 중인 앱을 한 번에 모두 종료해 보겠습니다.

01 [메뉴 버튼(■)]을 누릅니다. 실행 중인 앱의 목록이 나타나면 [모두 지우
기]를 누릅니다.

스마트폰 종류에
따라 오른쪽이
아니라 왼쪽에
있을 수도 있습니다.

모두 지우기

02 모든 앱이 삭제되면서 홈 화면으로 돌아옵니다. 다시 한 번 [메뉴 버튼(■)]
을 누릅니다. 실행 중인 앱이 없습니다. 다시 [홈 버튼(○)]을 눌러서 홈 화
면으로 돌아옵니다.

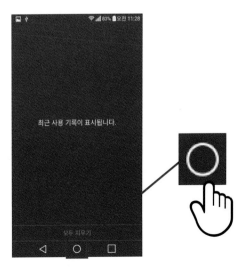

Section 05

앱 실행하고 / 종료하기

앱을 실행하고 종료해 보겠습니다.

01 홈 화면에서 실행할 앱을 누릅니다. 앱이 실행되면 기능을 사용한 후 [취소 버튼(◁)]을 누릅니다.

'전화' 앱을 누릅니다.

통화를 끝낸 후 누르면 처음 화면으로 돌아갑니다.

02 홈 화면으로 돌아옵니다.

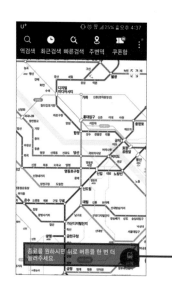

 참고!

일반적인 앱에서는 [종료를 원하시면 뒤로 버튼을 한 번 더 눌러주세요] 라는 메시지가 나오는 경우도 있습니다.

종료를 원하시면 뒤로 버튼을 한 번 더 눌러주세요.

Section 06

화면 확대 / 축소하기

사진 보기나 특정한 앱을 사용할 때는 화면을 확대하거나 축소해서 볼 수 있습니다. 사진을 확대해서 보도록 하겠습니다.

01 [갤러리]를 누릅니다. 볼 사진이 있는 앨범을 누릅니다.

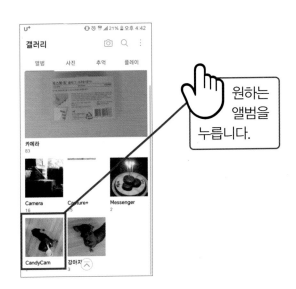

> 원하는 앨범을 누릅니다.

02 보고 싶은 사진을 누릅니다. 사진이 보이면 사진을 누릅니다.

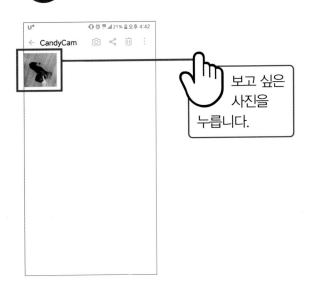

> 보고 싶은 사진을 누릅니다.

 참고!

사진이 세로로 되어 있어서 가로로 회전을 할 것입니다.

03 ⋮을 누른 후 [회전]을 누릅니다.

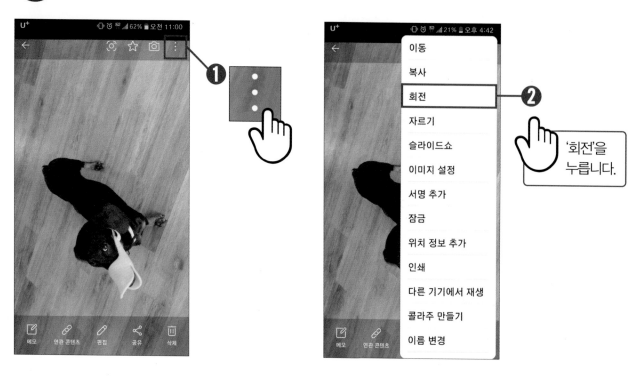

'회전'을
누릅니다.

04 [오른쪽으로 회전]을 누릅니다.

'오른쪽으로 회전'
을 누릅니다.

05 사진이 보이면 엄지손가락과 검지손가락을 화면에 댄 후 오므렸다 폅니다. 사진이 확대됩니다. 확대된 사진을 원래 크기대로 하기 위해 화면을 두 번 '톡', '톡' 누릅니다.

사진을 확대 축소하라는 뜻 의 그림입니다.

참고! ✉

화면을 두 번 '톡', '톡' 터치 해도 사진이 축소됩니다.

06 화면이 원래 크기대로 돌아옵니다.

화면을 두 번 '톡', '톡' 누르면 정사이즈에서 가장 큰 크기로 확대되며 엄지와 검지를
이용하면 정사이즈보다 더 크게 확대해서 볼 수 있습니다.

▲ 화면에 맞게   ▲ 두 번 톡톡으로   ▲ 엄지와 검지를 이용한
                   정사이즈 확대   사용자 확대

특정 앱에서는 엄지손가락과 검지손가락을 이용하여 화면을 확대해서 볼 수 있습니다.

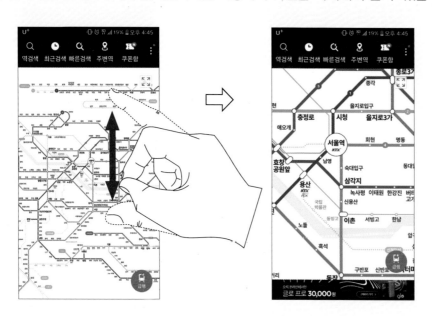

제 03장

와이파이(WIFI) 설정하기

와이파이는 무선 접속 장치를 이용하여 인터넷을 사용하는 것입니다.
와이파이를 이용하면 데이터 사용 요금이 절약되며, 지하철이나 공공장소에는
무료 와이파이를 사용할 수 있는 곳이 점차 늘어나고 있습니다.

Section 01

무료 와이파이 설정하기

무료 와이파이는 지하철 등 공공장소에서 사용할 수 있습니다.
가정에서도 암호를 설정하지 않으면 자동으로 와이파이에 접속
할 수 있습니다.

1) 지하철에서 설정하기

지하철에서 사용하는 와이파이는 통신사에 따라서 접속하는 망이 다르지만 접속
방법은 같습니다.

01 화면의 상단을 눌러서 아래로 내립니다. [설정]을 누릅니다.

이곳을 손가락
으로 누른 후
손가락을 아래
로 내립니다.

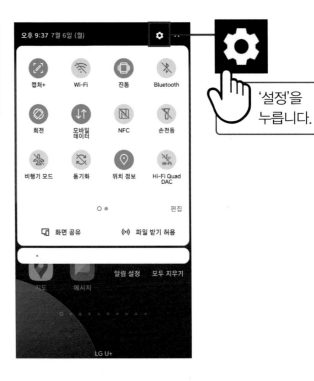

'설정'을
누릅니다.

 참고!

데이터 무제한이 아닌 이상, 데이터를 다 소진하면 데이터를 사용할 수 없어 비싼 요금
을 내고 충전해야 합니다. 그러니 무료 와이파이를 사용할 수 있는 곳에서는 가급적 와
이파이를 사용합시다.

[네트워크 및 인터넷]을 누릅니다. 모바일 데이터가 켜져 있다면 ⬤을 눌러 끕니다.

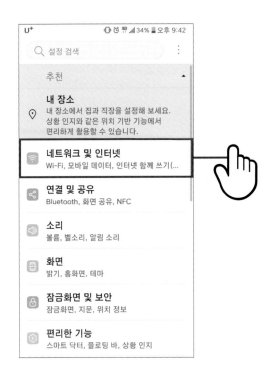

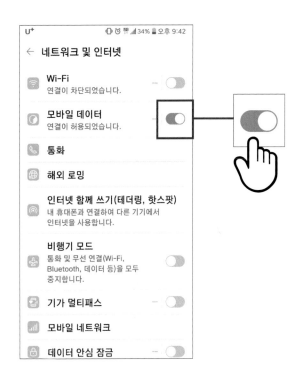

03 [차단]을 누릅니다. [Wi-Fi]로 들어갑니다.

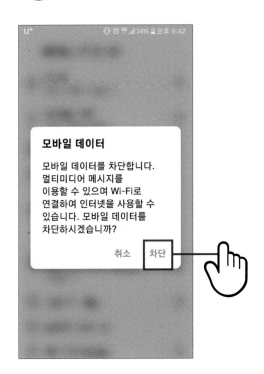

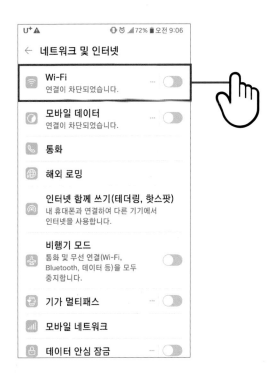

을 눌러 [Wi-Fi]를 켭니다.

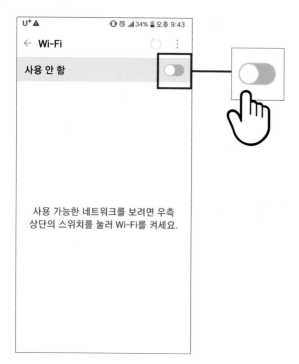

05 네트워크를 자동으로 검색하여 접속 가능한 네트워크에 자동으로 접속
합니다.

06 인터넷을 실행할 앱을 누릅니다. 와이파이 상태에서 인터넷에 접속합니다.

💢탑! 암호 없는 가정용 와이파이 접속

암호 없는 가정용 와이파이는 자동으로 연결이 됩니다.

와이파이에 연결 되면 '연결됨' 문구가 나타납니다.

Wi-Fi에서 [네트워크 자동 전환]이 선택되지 않았다면 ☑를 눌러서 선택(☑)합니다.

Section 02

비밀번호 있는 와이파이 설정하기

비밀번호가 있는 와이파이는 📶 (wifi-password) 모양이며 비밀번호를 알고 있어야 접속이 가능합니다.

01 화면의 상단을 눌러서 아래로 내립니다. [설정]을 누릅니다.

이곳을 손가락으로 누른 후 손가락을 아래로 내립니다.

'설정'을 누릅니다.

02 [네트워크 및 인터넷]을 누릅니다. [Wi-Fi]를 누릅니다.

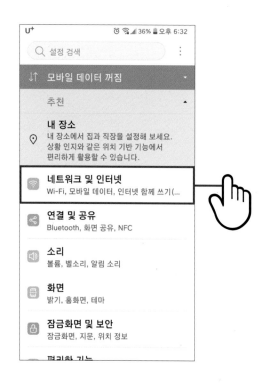

03 접속할 와이파이를 누릅니다.

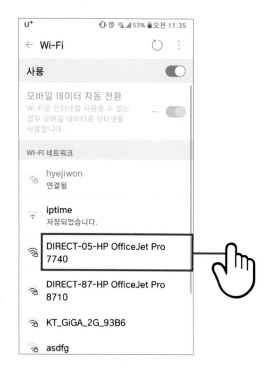

[비밀번호 표시]를 눌러서 ✅ 로 만든 후 비밀번호를 입력합니다.

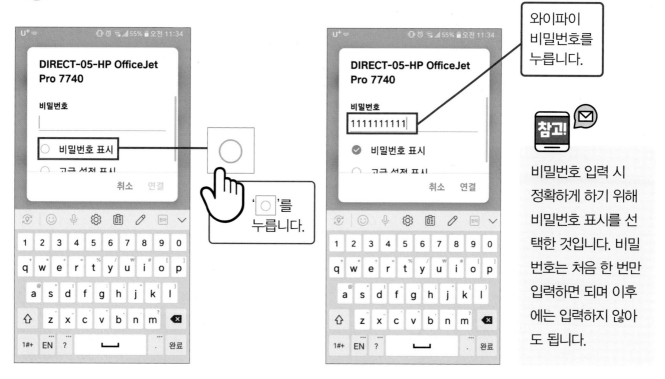

와이파이 비밀번호를 누릅니다.

'○'를 누릅니다.

비밀번호 입력 시 정확하게 하기 위해 비밀번호 표시를 선택한 것입니다. 비밀번호는 처음 한 번만 입력하면 되며 이후에는 입력하지 않아도 됩니다.

05 와이파이가 접속이 되면 인터넷을 눌러서 실행합니다.

'인터넷'을 눌러 인터넷으로 들어갑니다.

이 화면은 사용자의 스마트폰에 따라 다르게 나타날 수 있습니다.

실시간 동영상은 와이파이(📶) 상태에서 봅니다.

스마트폰을 이용하여 무료로 동영상을 보거나 인터넷 라디오를 들을 수 있는 앱들이 있습니다. 동영상이나 인터넷 TV, 인터넷 라디오 등은 생각보다 인터넷 데이터를 많이 사용하기 때문에 무심코 시청하면 스마트폰 요금이 많이 나올 수 있습니다. 인터넷으로 실시간 동영상을 시청하거나 라디오를 들으려면 와이파이(📶)가 되는 곳에서 사용하거나 데이터 무제한 요금제일 경우에만 사용하는 것이 좋습니다.

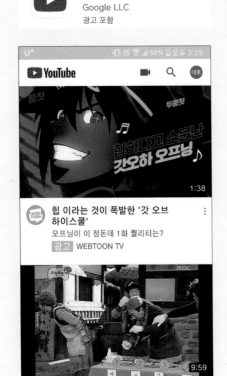

▲ 실시간 동영상 보기(유튜브)

▲ 실시간 인터넷 라디오(턴인 라디오)

제 04장

사진을 찍고
예쁘게 꾸며 보자

사진을 찍으면서 꾸미려면 시간이 걸리므로 여기서는
찍어 놓은 사진을 예쁘게 꾸며 보겠습니다.

Section 01

사진 찍기

스마트폰에 있는 카메라를 이용하여 사진을 찍어 보겠습니다.
카메라의 기능이나 자세한 조작법은 기기마다 다르지만
여기서는 공통적인 조작법만을 다뤄 보겠습니다.

01 [카메라]를 누릅니다. 셔터를 눌러 사진을 찍습니다. [취소 버튼(◁)] 혹은
[홈 버튼(○)]을 눌러 카메라를 종료합니다.

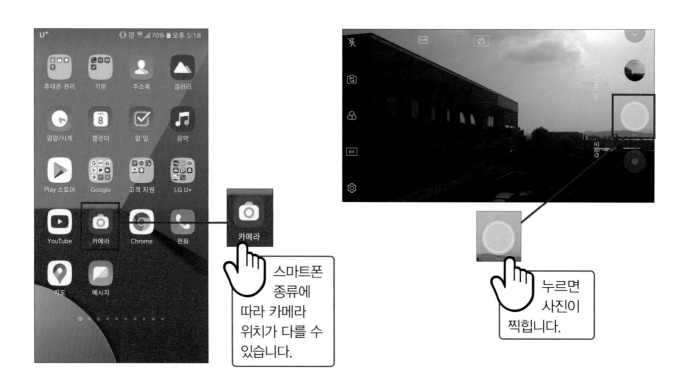

스마트폰 종류에 따라 카메라 위치가 다를 수 있습니다.

누르면 사진이 찍힙니다.

02 사진을 보기 위해 [갤러리]를 누릅니다. 사진이 있는 앨범을 누릅니다.

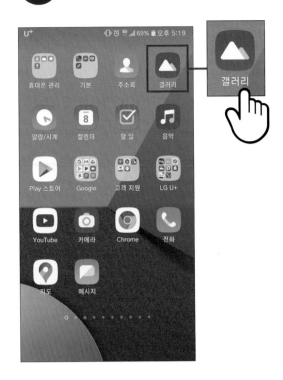

'카메라' 앨범을 누릅니다.

03 찍은 사진을 누릅니다. 사진이 보입니다.

좀 전에 찍은 사진을 누릅니다.

Section 02

사진 꾸미기 앱 설치하기

[사진 PIP, 사진 편집기]는 사진을 찍으면서, 또는 찍어 놓은 사진을 예쁘게 꾸미는 앱입니다. 사진을 찍으면서 꾸미려면 시간이 걸리므로 여기서는 찍어 놓은 사진을 예쁘게 꾸며 보겠습니다.

01 앱에서 [Play 스토어]를 눌러서 실행한 후 입력란을 누릅니다.

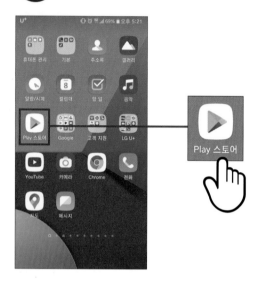

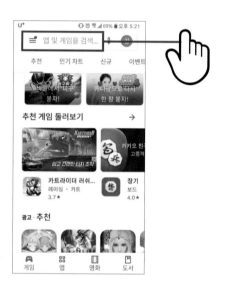

02 'PIP'라고 입력한 후 'PIP 카메라'를 누릅니다. 검색 목록에서 '사진 PIP, 사진 편집기'를 찾아 누릅니다.

'PIP'라고 입력합니다.

03 [설치]를 누릅니다. [열기]를 눌러서 실행합니다.

04 [허용]을 누릅니다. 초기 화면이 나옵니다.

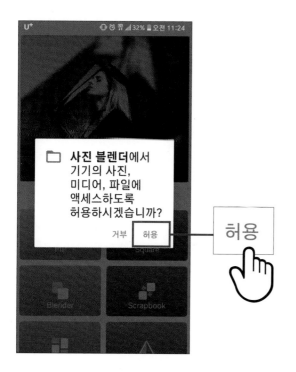

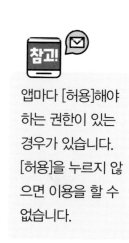

앱마다 [허용]해야
하는 권한이 있는
경우가 있습니다.
[허용]을 누르지 않
으면 이용을 할 수
없습니다.

Section 03

PIP 카메라 사용하기

스마트폰에 저장되어 있는 사진을 불러와 PIP 효과를
적용해 보겠습니다.

01 [PIP]를 누릅니다. ▤를 누릅니다.

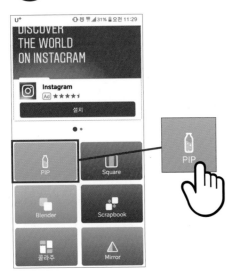

02 불러올 사진이 있는 앨범을 누릅니다. 사진을 누르면 아래에 사진이 이동
합니다. →를 누릅니다.

❶ 앨범을
누릅니다.

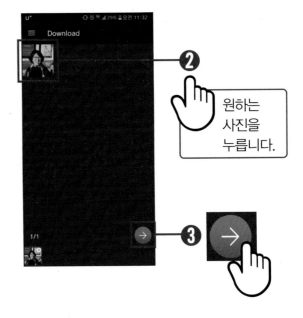

❷ 원하는
사진을
누릅니다.

❸

03 PIP를 누르면 필터를 선택하여 적용할 수 있습니다.

04 원하는 필터를 선택합니다.

원하는
효과를
누릅니다.

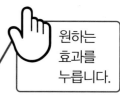

필터를 하나씩 누르면
서 모양을 살펴보고
마음에 드는 필터를
선택합니다.

손으로 누른
채로 왼쪽으로
밀어 줍니다.

05 사진을 선택하여 크기와 위치를 조정합니다. ✔를 누릅니다.

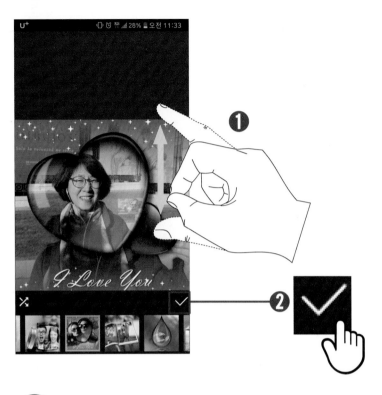

06 상단에 있는 ✔를 누릅니다. 사진이 저장되었습니다. 🖼를 누릅니다.

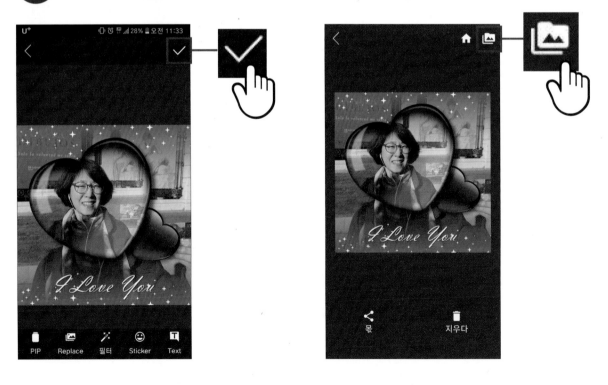

를 누르면 갤러리에서 사진을 확인할 수 있습니다.

Section 04

콜라주

콜라주는 여러 장의 사진을 붙여서 한 장의 사진으로 만드는 기
법입니다. 여기서는 여러 장의 사진을 다양한 모양으로 만들어서
한 장의 사진으로 만들어 보겠습니다.

01 [콜라주]를 누릅니다. 프레임 선택 화면이 나옵니다.

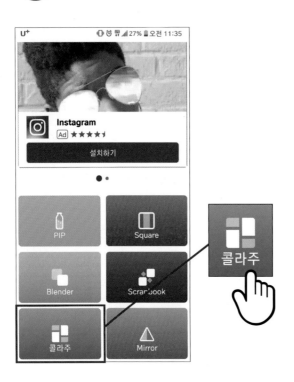

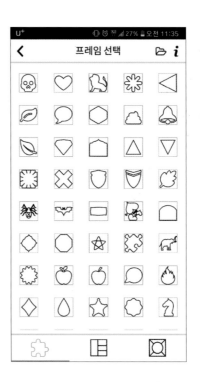

02 원하는 프레임을 선택하여 누릅니다.

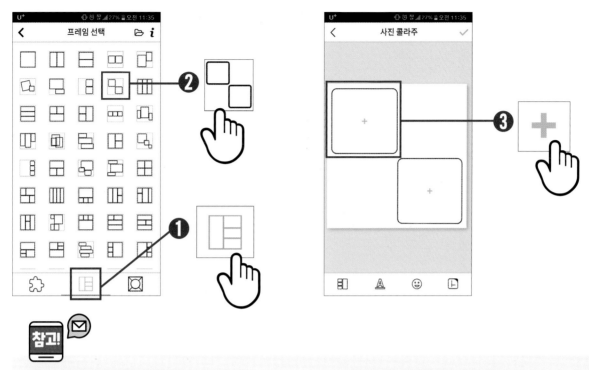

참고!

• + 표시가 된 곳에 하나의 사진을 넣을 수 있습니다. 즉, 하나의 프레임에 하나의 사진을 넣을 수 있으니
  사진의 양을 보며 프레임을 선택하시기 바랍니다.

• 여기서는 2개의 사진이 들어가는 프레임을 선택했습니다.

03 ≡ 를 누릅니다. 불러올 사진이 있는 앨범을 누릅니다.

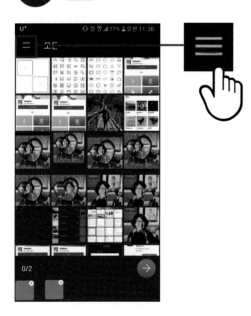

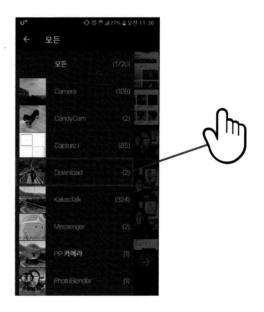

04 사진 2개를 선택합니다. →를 누릅니다. 사진이 프레임에 들어가 있습니다.

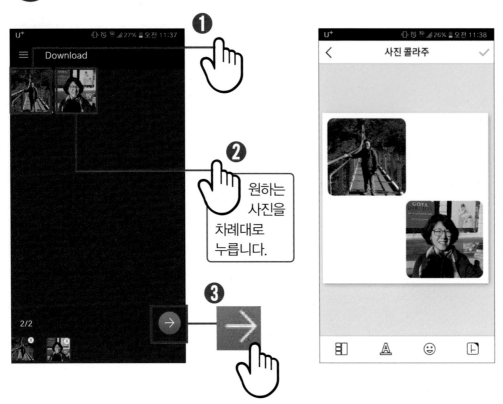

원하는
사진을
차례대로
누릅니다.

05 엄지손가락과 검지손가락으로 사진을 확대하고 위치를 조정합니다.
⬚을 눌러 사진 테두리를 꾸밉니다.

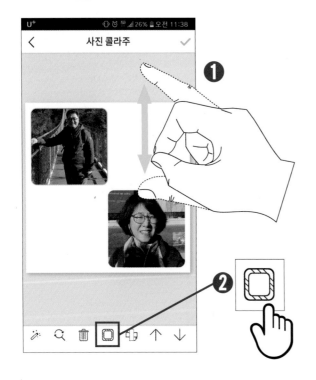

06 다른 사진도 누른 뒤에 ⬜을 눌러 사진 테두리를 꾸밉니다. 꾸민 뒤에 빈 곳을
누릅니다.

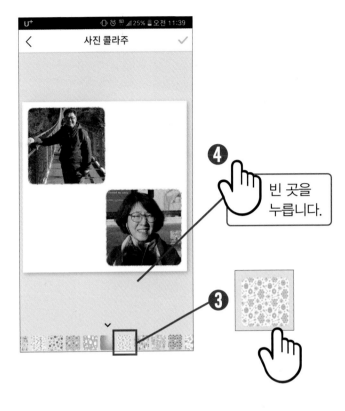

빈 곳을
누릅니다.

07 초기 메뉴로 바뀌었습니다. ☺을 누릅니다. 😗을 누르면 다양한 이모티콘이
나옵니다.

08 원하는 이모티콘을 선택합니다.

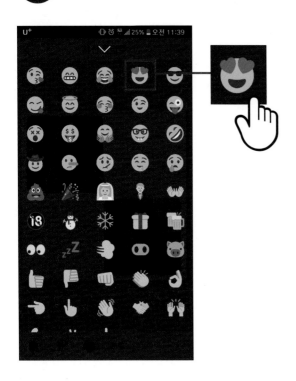

09 이모티콘을 확대하고 위치를 조정합니다. 사진 크기 및 위치를 최종 확인

하고 ✓ 를 누릅니다.

확대 후
드래그하여
위치를
옮깁니다.

10 사진이 저장되었습니다. 를 누르면 갤러리에서 사진을 확인할 수 있습니다.

Section 05

스퀘어(Square)

스퀘어는 특정한 모양에 맞춰서 꾸밀 수 있는 기능입니다.

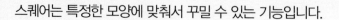

01 [Square]를 누릅니다. ☰를 누릅니다.

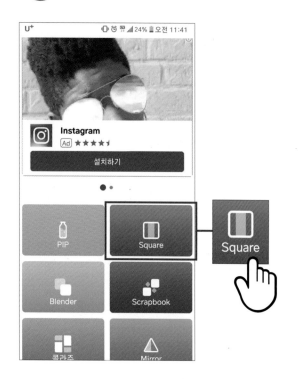

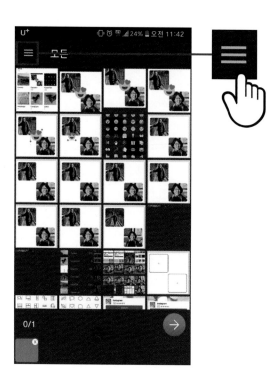

불러올 사진이 있는 앨범을 누릅니다. 사진 1장을 선택합니다.

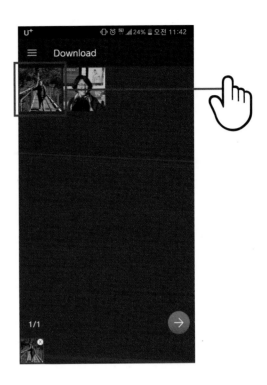

03 [Frame]을 선택합니다. 원하는 프레임을 찾아 선택합니다.

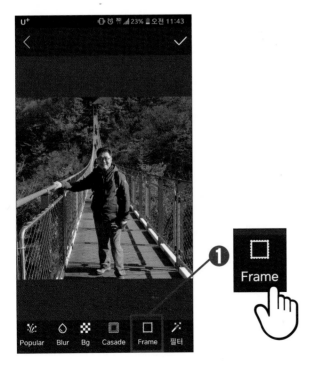

참고!

[Frame]은 특정한 틀에 맞춰서 꾸미는 기능입니다.

04 사진을 선택해 크기를 조금 줄입니다. ☑를 누릅니다. 이어서 상단에 있는 ☑를 누릅니다.

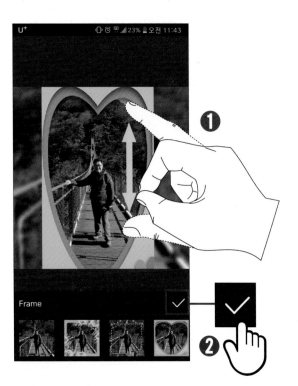

05 사진이 저장되었습니다. 🖼를 누르면 갤러리에서 사진을 확인할 수 있습니다.

제 05장

동영상(음악) 재생하기

동영상과 음악을 재생하는 앱을 설치하여
동영상 감상과 음악 감상을 해 보겠습니다.

Section
01

MX-플레이어 설치하기

동영상과 음악 감상을 할 수 있는 대표 앱 중 하나인
MX-플레이어를 설치해 보겠습니다.

01 [Play 스토어]를 누릅니다. 검색어 입력란을 누릅니다.

02 검색어 입력란에 'player'를 입력합니다. [MX 플레이어]를 찾아 누릅니다.

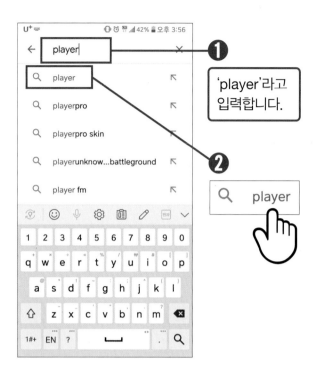

'player'라고
입력합니다.

03 [설치]를 누릅니다. [열기]를 누릅니다.

Section
02

MX-플레이어 설정하고
동영상 재생하기

MX-플레이어 설치가 끝났으면 이제 본격적으로 동영상을 보는
방법을 설명합니다.

01 [허용]을 누릅니다. 비디오가 있는 폴더가 자동으로 인식되면 재생할 동영
상이 있는 폴더를 누릅니다.

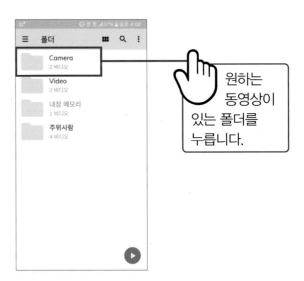

원하는
동영상이
있는 폴더를
누릅니다.

02 재생할 동영상을 누릅니다. 동영상이 재생됩니다.

동영상
파일을
누릅니다.

동영상이
재생됩니다.

03 화면의 오른쪽을 터치한 상태에서 위, 아래로 손가락을 움직여 볼륨을
조절합니다. 화면의 왼쪽을 터치한 상태에서 위, 아래로 손가락을 움직여
동영상의 밝기를 조절합니다.

오른쪽에서
손가락으로
눌러서 위,
아래로 움직
이면 소리 크기
가 조절됩니다.

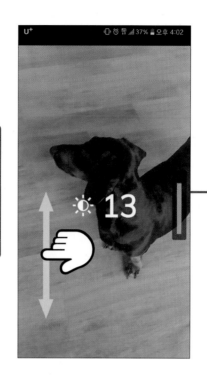

왼쪽에서
손가락으로
눌러서 위,
아래로 움직이면
화면 밝기가 조절
됩니다.

04 화면을 누르면 메뉴가 나타나는데 [화면 잠금(🔒)]을 누릅니다.

'잠금' 표시된
상태에서는
화면을 손가락으로
눌러도 아무런 움직
임이 나타나지 않습
니다.

참고!

[화면 잠금(🔒)] 상태에
서는 화면을 터치해도
변화가 없어서 동영상을
감상하기 좋습니다. 🔒
을 한 번 더 누르면 화면
잠금이 해제됩니다.

MX-플레이어 이외에도 동영상을 볼 수 있는 많은 종류의 앱이 있습니다. 사용자의 스마트폰에 따라서 좀 더 원활하게 볼 수 있는 앱들이 있습니다. 여러 종류의 앱을 설치해서 사용해 본 후 자신의 스마트폰에 가장 적당한 앱만 남겨 두고 나머지 앱은 삭제하는 것도 한 방법입니다.

제 06장

카카오톡

카카오톡은 스마트폰과 PC 어디에서나 사람들과 무료로
문자, 이미지, 파일 등을 주고 받을 수 있으며 영상통화, 선물 주고받기 등을
할 수 있는 메신저입니다.

Section 01

카카오톡 설치하기

[Play 스토어]에서 카카오톡을 다운받아 설치해 보겠습니다.

1) 카카오톡 설치 전 준비 사항

카카오톡을 설치하기 전에 다음의 것들이 준비되어 있어야 합니다.

01 카카오 계정을 만들 이메일 주소

카카오톡은 전화번호만으로도 사용이 가능하지만 이메일 계정이 있으면 좀 더 편리하게 사용할 수 있습니다.

02 프로필에 사용할 사진

프로필 사진은 상대방에게 나를 보여 주는 사진입니다. 반드시는 아니지만 프로필 사진은 가급적 본인의 사진으로 하는 것이 좋습니다. 내가 다른 사람에게 친구 신청을 했을 때 내 사진이 보이면 친구 신청을 금방 수락할 수 있습니다.

2) 카카오톡 설치하기

01 앱에서 [Play 스토어]를 눌러서 실행한 후 입력란을 누릅니다.

02 '카'라고 입력하면 '카카오톡'이 나타나는데 이를 누릅니다. [카카오톡]을 누릅니다.

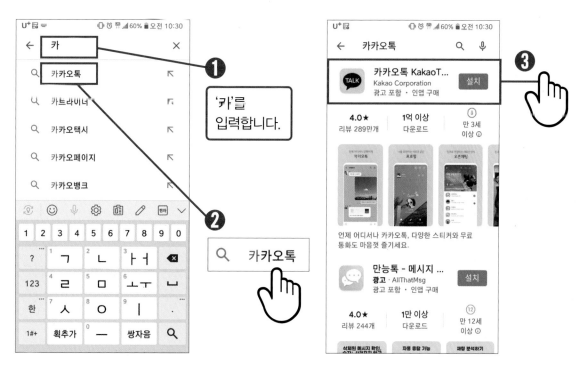

03 [설치]를 누릅니다.

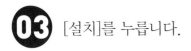

04 [열기]를 누릅니다.

3) 카카오톡 가입하기

01 [새로운 카카오계정 만들기]를 누릅니다.

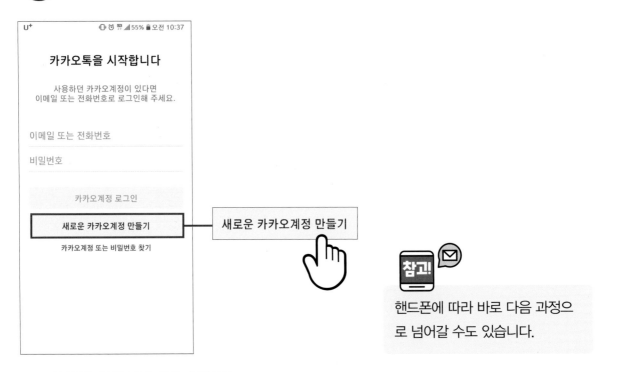

참고!
핸드폰에 따라 바로 다음 과정으로 넘어갈 수도 있습니다.

02 [모두 동의합니다]를 누릅니다. 스크린을 위로 올려 [동의하고 계속 진행합
니다]를 누릅니다.

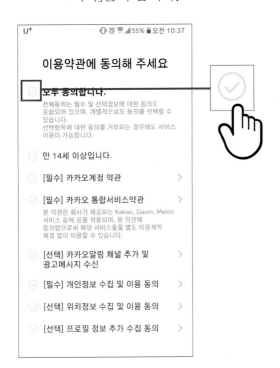

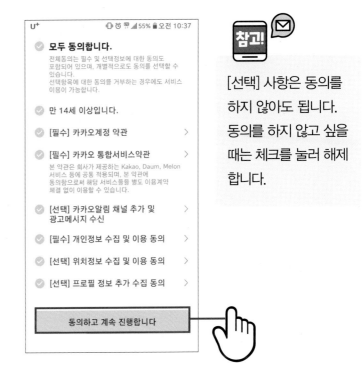

[선택] 사항은 동의를
하지 않아도 됩니다.
동의를 하지 않고 싶을
때는 체크를 눌러 해제
합니다.

03 전화번호를 입력합니다. [확인]을 누릅니다.

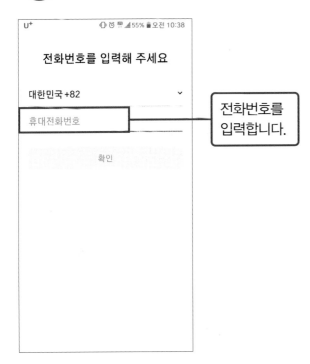

전화번호를
입력합니다.

인증번호를 보낸다는 알림이 뜹니다. [확인]을 누릅니다.

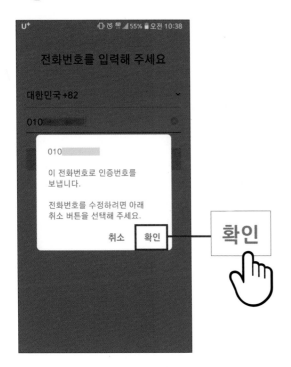

확인

 인증번호가 자동으로 확인되며 화면이 자동으로 바뀝니다. 비밀번호를
두 번 입력합니다.

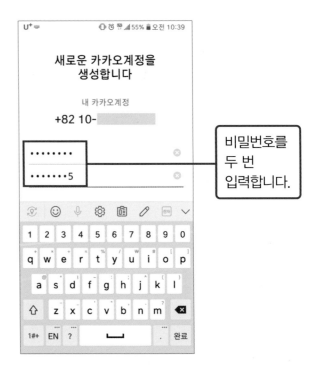

비밀번호를
두 번
입력합니다.

06 [확인]을 누릅니다. 기본 정보를 입력하는 화면이 나옵니다.

07 [이름]을 눌러 이름을 입력합니다. [생년월일]을 누릅니다.

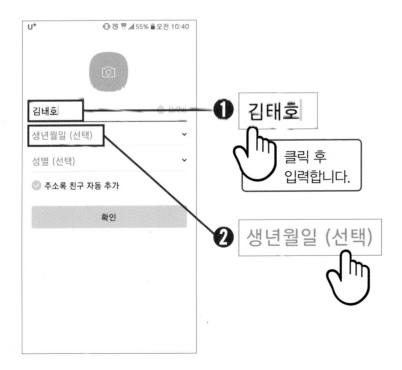

클릭 후
입력합니다.

08 생년월일을 선택해야 합니다. 스크린을 움직여 연도를 선택하고, 뒤이어
월과 일을 선택합니다. [확인]을 누릅니다.

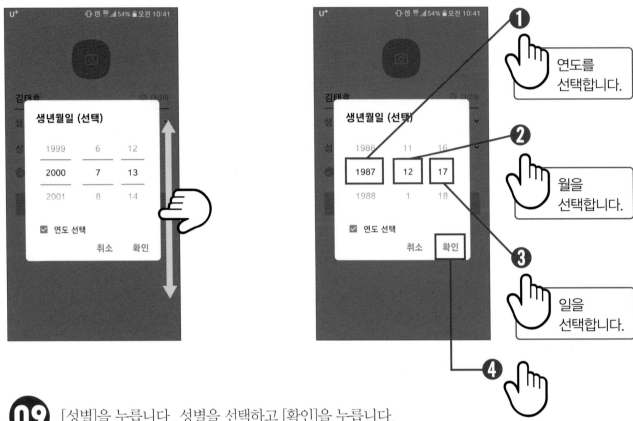

① 연도를
선택합니다.

② 월을
선택합니다.

③ 일을
선택합니다.

④

09 [성별]을 누릅니다. 성별을 선택하고 [확인]을 누릅니다.

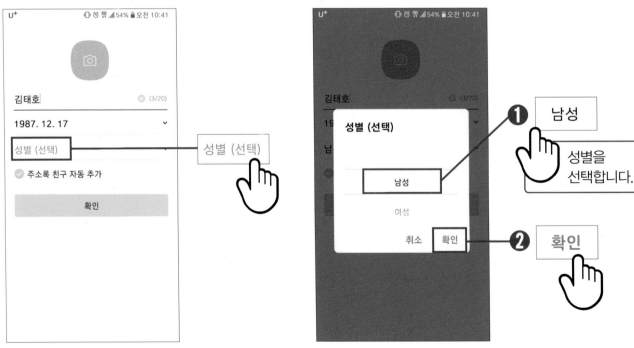

성별 (선택)

① 남성
성별을
선택합니다.

② 확인

⑩ [확인]을 누릅니다. 프로필 사진을 등록하라는 안내 문구가 나옵니다.
[기본 이미지로 설정]을 누릅니다.

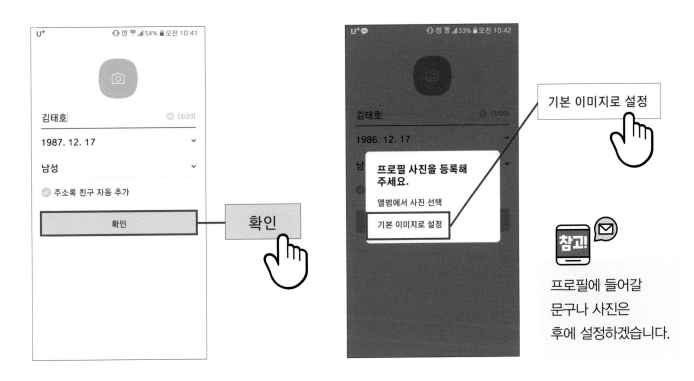

참고!
프로필에 들어갈
문구나 사진은
후에 설정하겠습니다.

⑪ 이메일 등록 화면이 나오면 [나중에 하기]를 누릅니다.

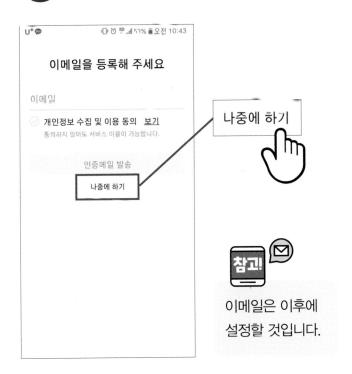

참고!
이메일은 이후에
설정할 것입니다.

12 친구들의 목록이 보이면서 카카오톡 가입이 완료됩니다.

4) 프로필 설정하기 1

프로필은 상대방이 나를 보았을 때 나에 대한 소개와 사진을 보여 주는 것입니다.

01 [내 프로필]을 누릅니다. [프로필 편집]을 누릅니다.

프로필을 누릅니다.

프로필 편집

가운데의 📷 를 누릅니다. [앨범에서 사진/동영상 선택]을 누릅니다.

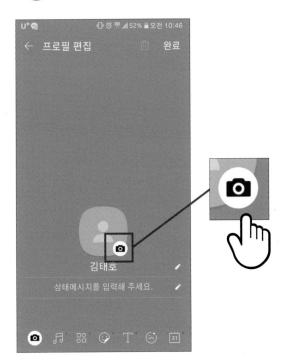

앨범에서 사진/동영상 선택

03 [전체보기]를 누릅니다. 원하는 사진이 있는 앨범을 누릅니다.

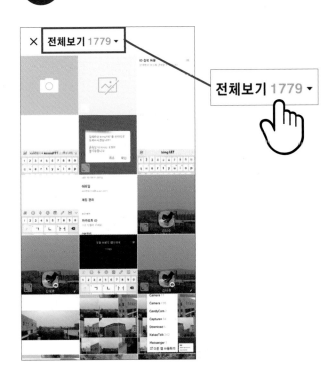

전체보기 1779 ▾

원하는
사진이
있는 앨범을
누릅니다.

04 프로필에 사용할 사진을 누릅니다. 사진을 원하는 크기만큼 자르기 위해
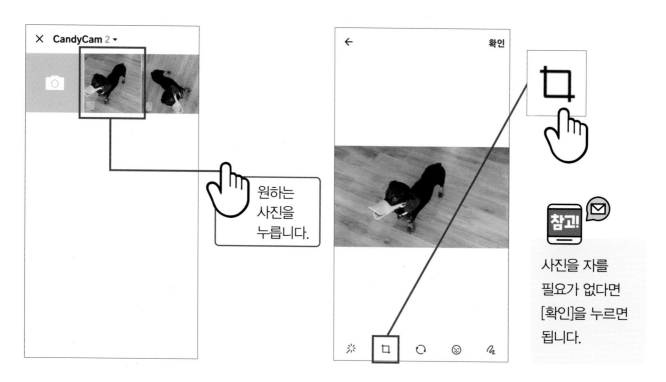를 누릅니다.

원하는
사진을
누릅니다.

참고!

사진을 자를
필요가 없다면
[확인]을 누르면
됩니다.

05 사진에 격자가 보이면 줄이고 싶은 부분을 눌러서 적당한 크기로 잡아당깁
니다.

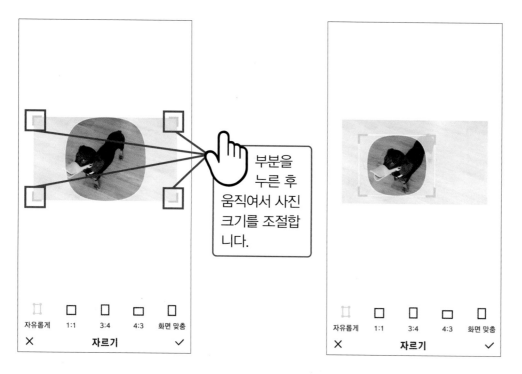

부분을
누른 후
움직여서 사진
크기를 조절합
니다.

06 나머지 부분도 적당한 크기로 만든 후 ✔를 누릅니다. [확인]을 누릅니다.

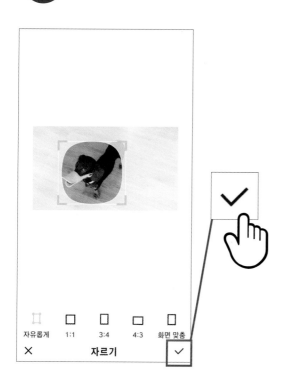

07 [완료]를 누릅니다. 이메일을 등록하겠습니다. ⚙을 누릅니다.

08 [계정 관리]를 누릅니다. [이메일]을 누릅니다.

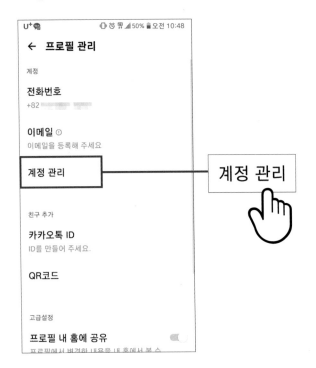

계정 관리

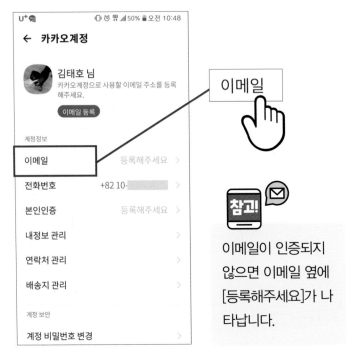

이메일

참고!
이메일이 인증되지 않으면 이메일 옆에 [등록해주세요]가 나타납니다.

09 카카오 계정으로 사용할 이메일 주소를 입력합니다.

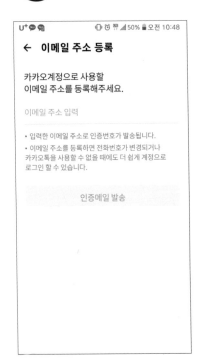

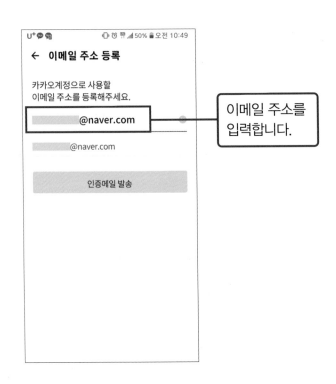

이메일 주소를 입력합니다.

[인증메일 발송]을 누릅니다. [동의]를 누릅니다.

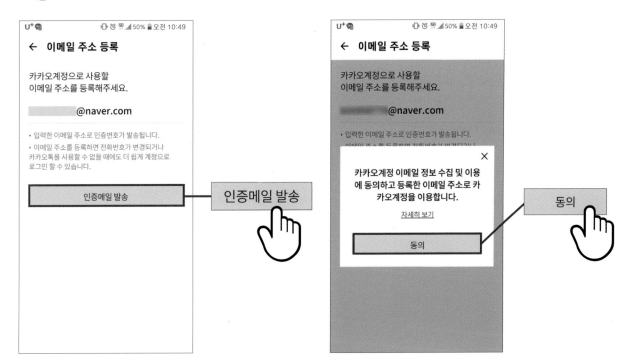

11 등록한 이메일로 인증메일이 발송되었다는 메시지가 뜹니다. 스마트폰의
[홈 버튼(○)]을 눌러 바탕화면으로 나옵니다.

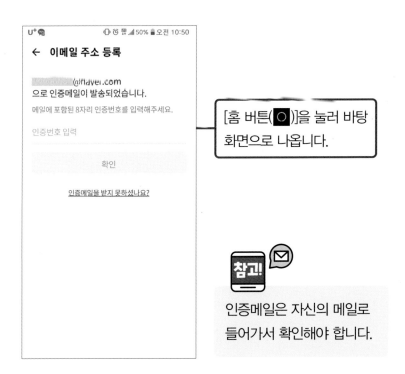

[홈 버튼(○)]을 눌러 바탕
화면으로 나옵니다.

참고! 인증메일은 자신의 메일로
들어가서 확인해야 합니다.

5) 인증메일 확인하기

인증메일은 자신의 이메일 계정에서 확인해야 합니다.

01 인터넷을 사용할 수 있는 앱을 누릅니다.

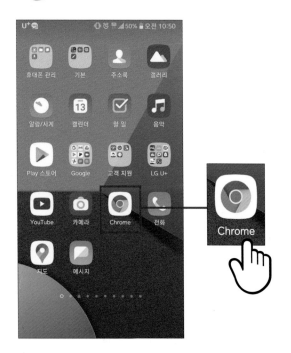

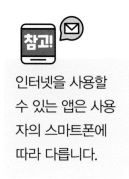

인터넷을 사용할 수 있는 앱은 사용자의 스마트폰에 따라 다릅니다.

02 주소 입력란을 누릅니다. 자신의 이메일 계정이 있는 주소를 입력한 후 네이버를 누릅니다.

이곳에 이메일 계정이 있는 주소를 입력합니다.

네이버 메일이 있다면 'www.naver.com'이라고 입력합니다.

≡를 누릅니다. [로그인하세요]를 누릅니다.

 아이디와 비밀번호를 입력합니다. [로그인]을 누릅니다.

05 [메일]을 누릅니다. [받은메일함]에서 [카카오계정 이메일 등록 인증번호]
를 누릅니다.

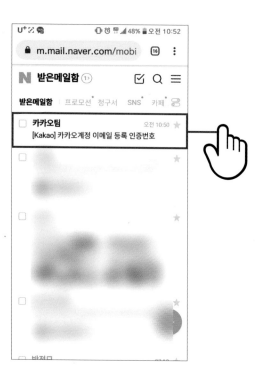

06 인증번호를 확인합니다. 확인 후 [메뉴 버튼(◼)]을 누릅니다. 다시 [카카
오톡]으로 돌아갑니다.

인증번호를
기억해 둡니다.

참고!

바탕화면으로
나온 후, 카카오톡
으로 들어가도
됩니다.

인증번호를 입력합니다. [확인]을 누릅니다.

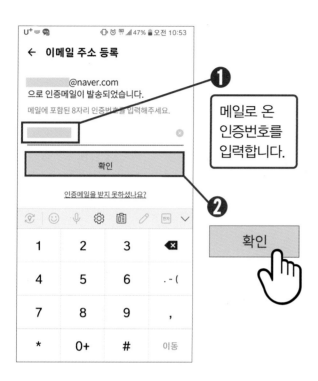

① 메일로 온 인증번호를 입력합니다.

② 확인

08 [확인]을 누릅니다. 이메일이 등록되었습니다.

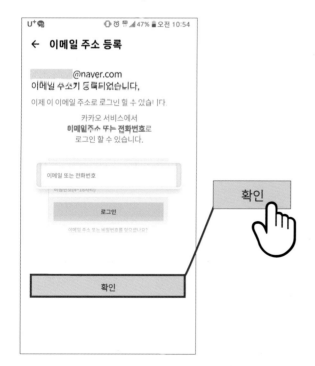

확인

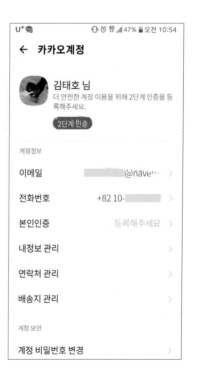

6) 프로필 설정하기2

01 ← 를 두 번 누릅니다.

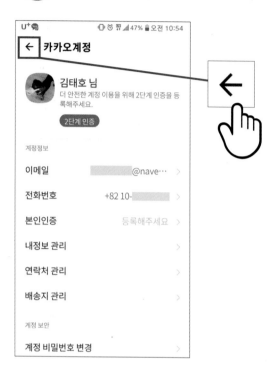

02 [프로필 편집]을 누릅니다. 하단 왼쪽에 있는 📷 를 누릅니다.

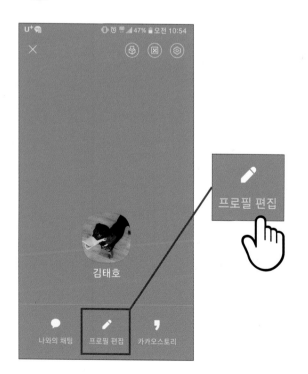

참고!
가운데의 📷 는
프로필 사진,
하단 왼쪽의 📷 는
배경 사진을
변경하는 곳입니다.

03 [앨범에서 사진/동영상 선택]을 누릅니다. [전체보기]를 누릅니다.

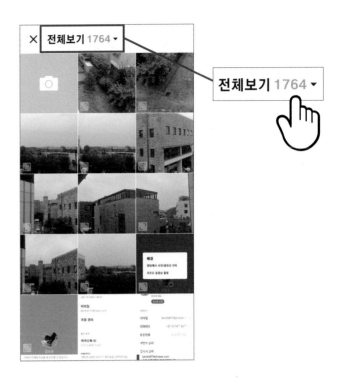

04 원하는 사진이 있는 앨범을 누릅니다. 배경 사진으로 사용할 사진을 누릅니다.

원하는
사진이
있는 앨범을
누릅니다.

원하는
사진을
누릅니다.

05 사용할 사진이 맞는지 확인한 후 [확인]을 누릅니다. 배경 사진이 들어간 것을 알 수 있습니다. [상태메시지를 입력해 주세요]를 누릅니다.

확인

배경 사진이 들어갔습니다.

참고!

상태메시지로는 자신의 가치관, 상황 등을 적을 수 있습니다. 남에게 보여 주기에 예민한 내용은 적지 않습니다.

06 내용을 입력하고 [확인]을 누릅니다. 상태메시지가 입력된 것을 확인할 수 있습니다. [완료]를 누릅니다.

확인

❷

❶

내용을 입력합니다.

완료

상태메시지가 입력되었습니다.

참고!

[완료]를 눌러야 수정 사항이 반영되니 [완료]를 꼭 누릅니다.

07 카카오톡 ID를 만들겠습니다. 을 눌러 [프로필 관리]로 들어갑니다.
[카카오톡 ID]를 누릅니다.

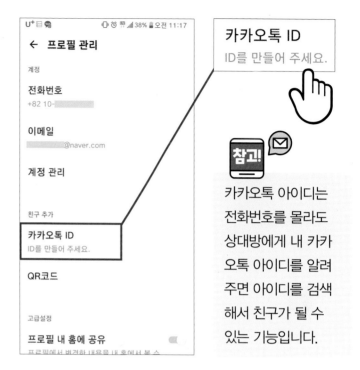

카카오톡 아이디는 전화번호를 몰라도 상대방에게 내 카카오톡 아이디를 알려주면 아이디를 검색해서 친구가 될 수 있는 기능입니다.

08 아이디 입력란을 누른 후 아이디를 입력하고 [확인]을 누릅니다. 등록한 아이디를 사용하겠느냐는 메시지가 나오면 [확인]을 누릅니다.

사용할 아이디를 입력합니다.

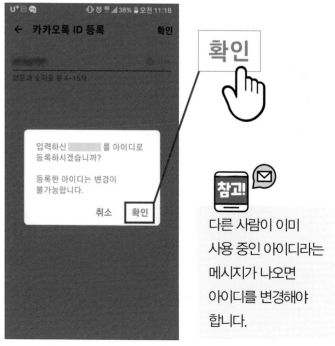

다른 사람이 이미 사용 중인 아이디라는 메시지가 나오면 아이디를 변경해야 합니다.

아이디가 입력되었으면 ←를 누릅니다. 한 번 더 누릅니다.

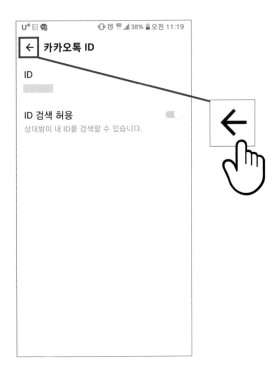

10 ☒를 눌러서 프로필 관리 화면을 닫습니다.

Section 02

대화하기

누군가 나에게 카톡을 보내면 '카톡'이라는 소리와 함께 화면에 카톡 메시지가 있다는 표시가 나타납니다. 이제 친구들과 대화하는 방법에 대해 알아보겠습니다.

1) 나에게 온 대화 받기

상대방이 먼저 대화를 걸어 왔을 때 대화를 하는 방법에 대해서 알아보겠습니다.

01 카톡을 누르니 메시지가 와 있습니다. [채팅]을 누릅니다.

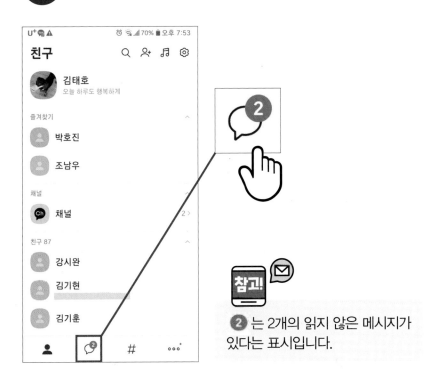

참고! ② 는 2개의 읽지 않은 메시지가 있다는 표시입니다.

카톡을 보낸 친구를 누릅니다. 답장을 보내기 위해 내용 입력란을 누릅니다.

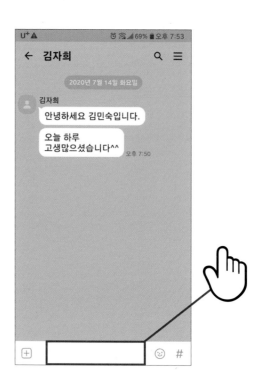

03 내용을 입력합니다. 이모티콘을 입력하기 위해 ☺ 을 누릅니다. 보낼 이모티콘을 누른 후 [전송(▶)]을 누릅니다.

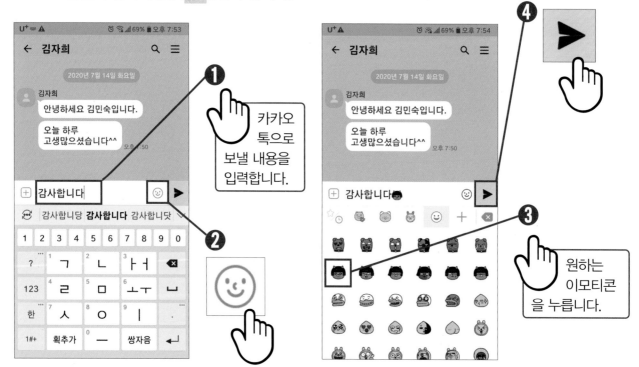

카카오톡으로 보낼 내용을 입력합니다.

원하는 이모티콘을 누릅니다.

이모티콘은 글자로 감정을 표시하는 것을 말하는데 여기서는 기존에 이미 만들어 놓은 작은 그림을 말합니다.

 텍스트와 이모티콘이 보내집니다.

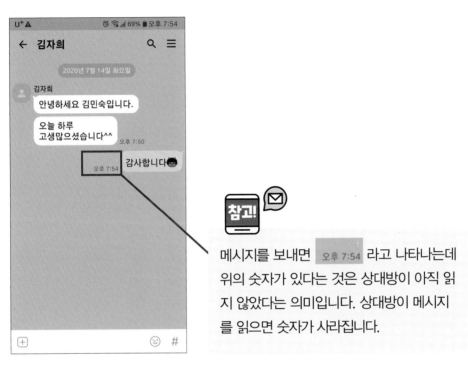

메시지를 보내면 오후 7:54 라고 나타나는데 위의 숫자가 있다는 것은 상대방이 아직 읽지 않았다는 의미입니다. 상대방이 메시지를 읽으면 숫자가 사라집니다.

이모티콘의 종류

카카오톡에서 지원하는 이모티콘의 종류입니다. 감정을 표현한 것이므로 적당한 그림을 대화와 함께 사용하면 더 재미있는 대화를 할 수 있습니다. 과 는 움직이는 이모디콘입니다.

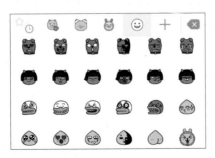

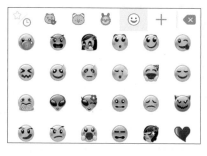
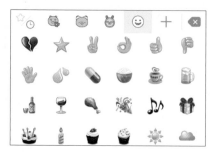

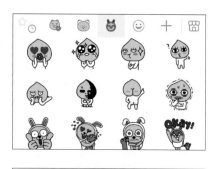
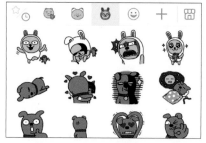

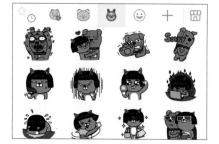

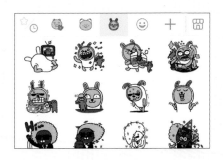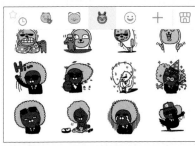

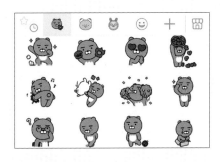

2) 내가 먼저 대화하면서 사진 보내기
상대방에게 내가 먼저 대화를 걸어서 대화를 해 보겠습니다.

01 카카오톡을 누릅니다. 대화를 걸 사람을 누릅니다.

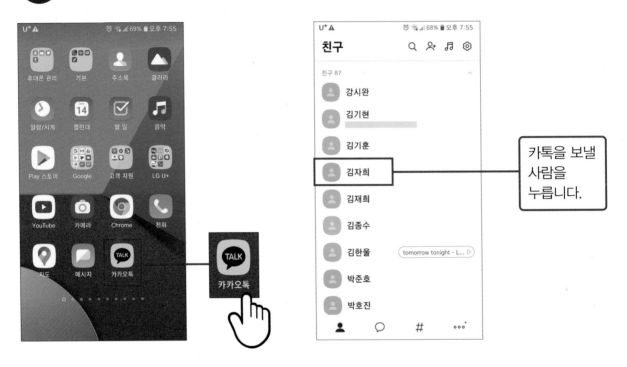

카톡을 보낼
사람을
누릅니다.

02 [1:1 채팅]을 누릅니다. 내용 입력란을 누른 후 내용을 입력하고 [전송(▶)]을 누릅니다.

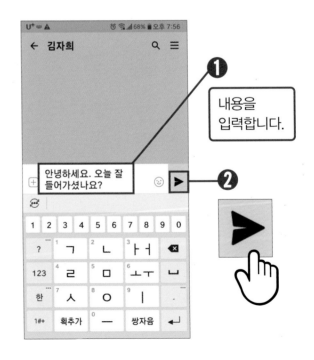

① 내용을
입력합니다.

②

03 대화가 오고 가면 사진을 전송하기 위해 내용 입력란을 누른 후 ⊞를 누릅니다. [앨범]을 누릅니다.

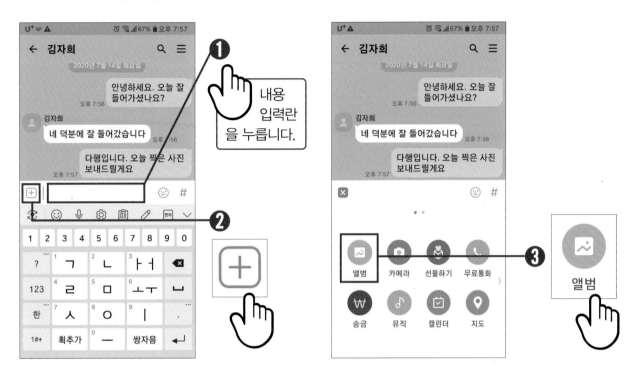

04 [전체]를 누릅니다. [전체보기]를 누릅니다.

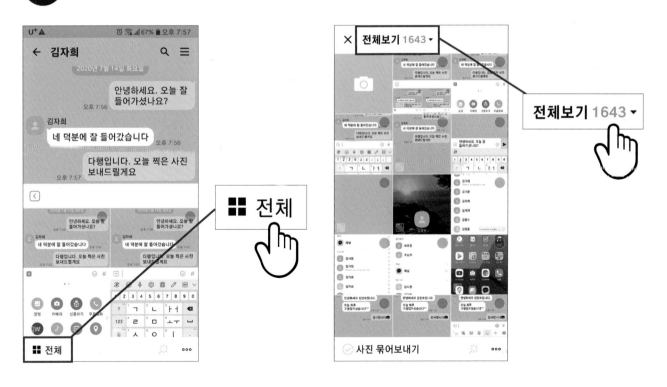

05 보낼 사진이 있는 앨범을 누릅니다.

원하는 사진
이 있는 앨범
을 누릅니다.

06 보낼 사진을 차례대로 누릅니다. [전송]을 누릅니다.

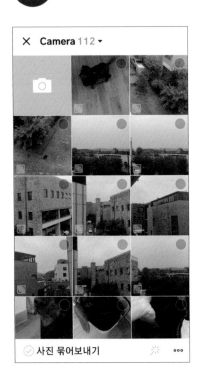

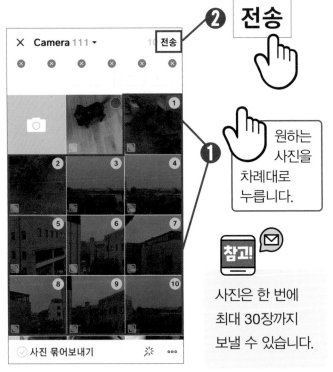

❷ **전송**

❶ 원하는
사진을
차례대로
누릅니다.

참고! 📧

사진은 한 번에
최대 30장까지
보낼 수 있습니다.

92 / 어른들을 위한 가장 쉬운 스마트폰

사진이 차례대로 전송됩니다.

가급적 사진과 같이 용량이 큰 파일을 보낼 때는
와이파이(📶) 상태에서 보내는 것이 좋습니다.

3) 동영상 받기

상대방이 나에게 보낸 동영상을 받아 보겠습니다. 카카오톡은 300MB 이상의 동영
상은 보낼 수 없습니다. 동영상을 받을 때는 데이터가 소모되므로 반드시 와이파이
(📶)가 되는 곳에서 받아야 합니다.

01 동영상이 온 채팅방을 누릅니다. 파일 용량을 확인한 후 동영상을 누릅니다.

파일 용량을
확인한 후
동영상을 누릅니다.

참고!

큰 용량의 파일은 와
이파이(📶)가 되는
곳에서 다운받아야
합니다.

02 동영상을 볼 수 있도록 다운로드가 되고 있습니다. 재생 버튼이 나타나면
동영상을 누릅니다.

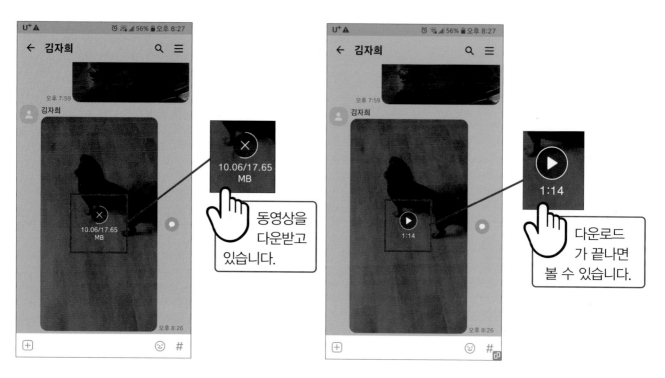

동영상을 다운받고 있습니다.

다운로드가 끝나면 볼 수 있습니다.

03 동영상 파일이 재생됩니다. 동영상 파일의 재생이 끝나면 스마트폰의 [취
소 버튼(◁)]이나 카카오톡 화면 상단의 ← 를 누릅니다.

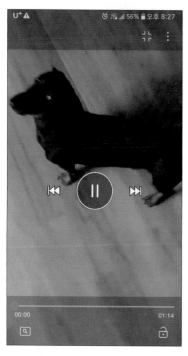

[취소 버튼(◁)]이나 카카오톡 화면 상단의 (←)를 누릅니다.

참고!

📥를 누르면 동영상을 갤러리에 저장할 수 있습니다.

04 내용 입력란을 눌러서 내용을 입력한 후 ☺을 누릅니다. 보낼 이모티콘을
누른 후 [전송(▶)]을 누릅니다.

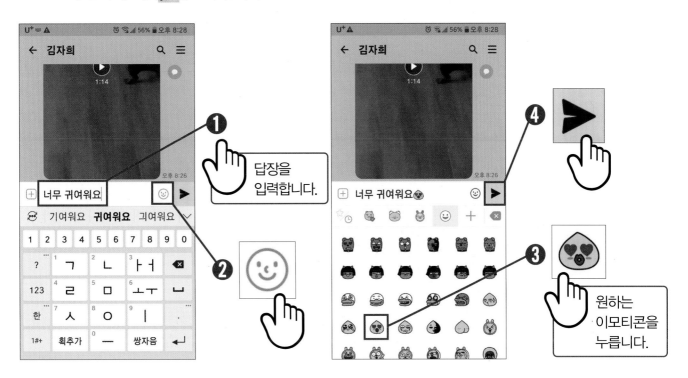

❶ 답장을 입력합니다.

❷

❸ 원하는 이모티콘을 누릅니다.

❹

05 내용과 이모티콘이 전송됩니다.

4) 받은 사진 저장하기

다른 사람이 나에게 보낸 사진을 저장해 보겠습니다.

01 나에게 사진을 보낸 사람을 누릅니다.

사진을
보낸 사람을
누릅니다.

02 상대방이 보낸 사진을 누릅니다. 사진이 전체로 보이면 [저장하기(⬇)]를
눌러서 저장합니다.

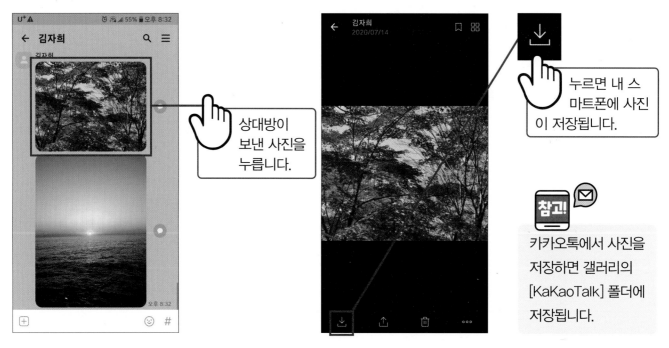

상대방이
보낸 사진을
누릅니다.

누르면 내 스
마트폰에 사진
이 저장됩니다.

참고!

카카오톡에서 사진을
저장하면 갤러리의
[KaKaoTalk] 폴더에
저장됩니다.

03 화면을 눌러서 왼쪽으로 움직이면 다른 사진이 나타납니다. 다른 사진도 [저장하기(↓)]를 눌러서 저장합니다. [갤러리]로 가면 저장된 사진을 볼 수 있습니다.

사진을 저장 합니다.

팁! 앨범에서 사진을 보려면?

01 [갤러리]를 누릅니다. [KakaoTalk] 폴더를 누릅니다.

KakaoTalk

카카오톡에 서 저장한 파일이 저장되는 곳입니다.

02 [KakaoTalk] 폴더에 다운받은 사진이 저장됩니다.

5) 인터넷 링크 보내기

인터넷으로 내용을 보다가 다른 사람과 내용을 공유하고 싶은 경우 다음과 같이 합니다.

01 인터넷을 하다가 공유하고 싶은 내용이 있다면 ⋮ 을 누릅니다. 메뉴에서
[공유]를 누릅니다.

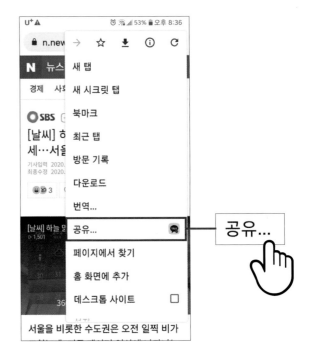

02 공유 방법에서 [카카오톡]을 누릅니다. 친구 목록이 나타납니다. 공유할 친구를 누릅니다.

[카카오톡 나에게]는 해당 내용을 나에게 보낼 때 누릅니다. 상대방에게 보낼 때는 [카카오톡]을 눌러야 합니다.

내용을 보낼 사람을 누릅니다.

03 공유할 친구가 공유 대상에 올라갔습니다. [확인]을 누릅니다. 카카오톡으로 내용이 보내집니다.

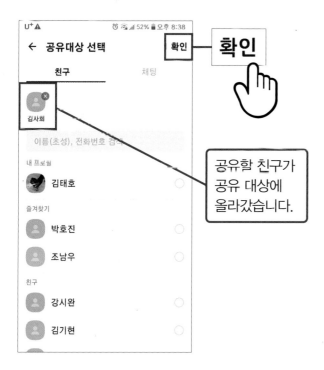

확인

공유할 친구가 공유 대상에 올라갔습니다.

6) 친구 추가하기

새로운 친구를 친구로 등록해 보겠습니다.

01 카카오톡을 누릅니다. [새로운 친구를 만나보세요!]를 누릅니다.

참고! 새로운 친구가 등록되면 추천친구 목록에 추가 됩니다.

02 친구로 등록할 친구를 찾아 👤⁺ 를 누릅니다. [친구추가]를 누릅니다.

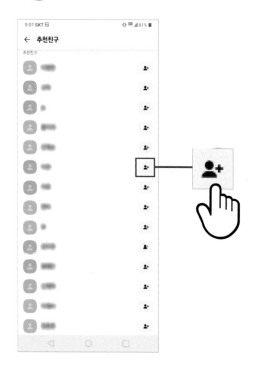

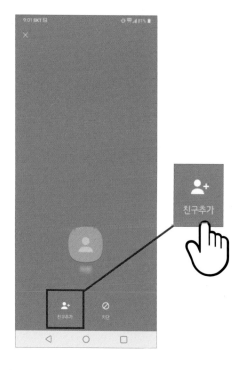

03 [친구추가]가 [1:1채팅]으로 바뀝니다. 를 눌러서 닫습니다. [← 추천
친구]를 누릅니다.

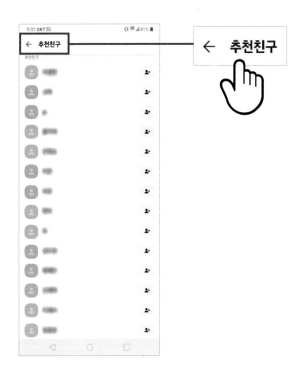

04 [새로운 친구] 목록에 친구로 등록한 사람이 보입니다.

7) 단체로 대화하기

두 명 이상의 사람과 대화하는 것을 단체 대화(단톡방)라고 합니다. 처음으로 나에게 대화를 신청한 사람을 친구로 추가한 후 단체 대화방을 만들어 대화를 해 보겠습니다.

01 카카오톡 메시지가 도착하면 카카오톡으로 들어가 카톡을 보낸 사람을 누릅니다.

카톡을 보낸 사람을 선택합니다.

02 아는 사람일 경우 눌러서 대화창을 엽니다. [추가]를 눌러서 친구로 추가합니다.

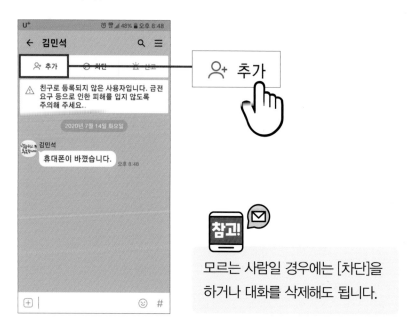

참고! 모르는 사람일 경우에는 [차단]을 하거나 대화를 삭제해도 됩니다.

03 내용 입력란을 눌러서 내용을 입력하고 [전송(▶)]을 누릅니다. ☰를 누릅니다.

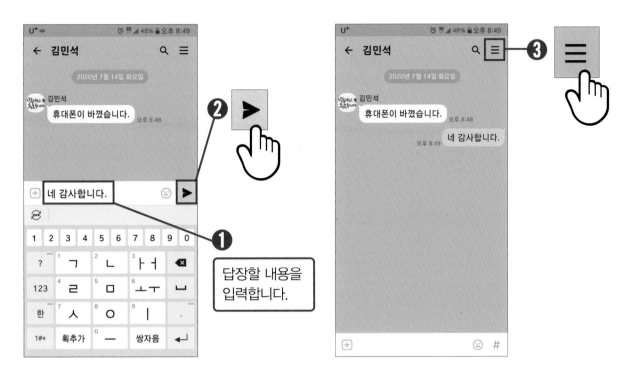

04 메뉴가 나타나면 [대화상대 초대]를 누릅니다. 초대할 대화상대를 누릅니다.

05 [확인]을 누릅니다. 새로운 대화방이 만들어집니다.

06 내용 입력란을 눌러서 내용을 입력하고 [전송(▶)]을 누릅니다.

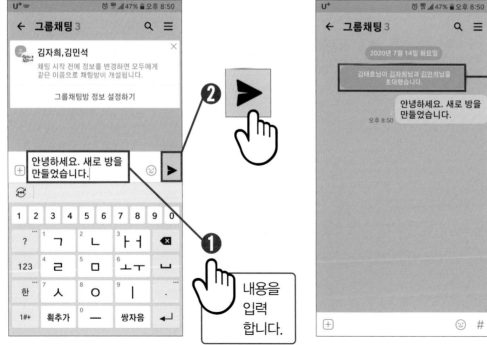

친구를 초대한 내용이 나타납니다.

참고!

그룹 채팅방은 둘이서 대화하던 방과 다르게 새롭게 만들어집니다.

07 다른 사람들의 대화를 보면서 대화를 계속 입력하여 합니다.

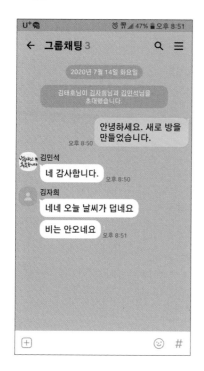

 대화에 시간과 숫자가 나오는데 시간은 상대방이 글을 쓴 시간이고 숫자는 아직 그 글을 읽지 않은 사람의 숫자입니다.

08 상대방이 인터넷 주소를 보내면 누릅니다. 자동으로 인터넷 주소로 연결되면 내용을 확인한 후 ✖를 누릅니다.

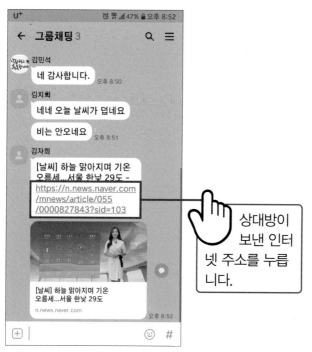

상대방이 보낸 인터넷 주소를 누릅니다.

내용을 다 읽고 누릅니다.

상대방이 인터넷 주소를 보냈을 때 누르면 내용을 볼 수 있습니다.

09 입력란을 눌러서 대화를 입력한 후 이모티콘을 입력하기 위해 ⓒ을 누릅니다. 다른 이모티콘 종류를 누릅니다.

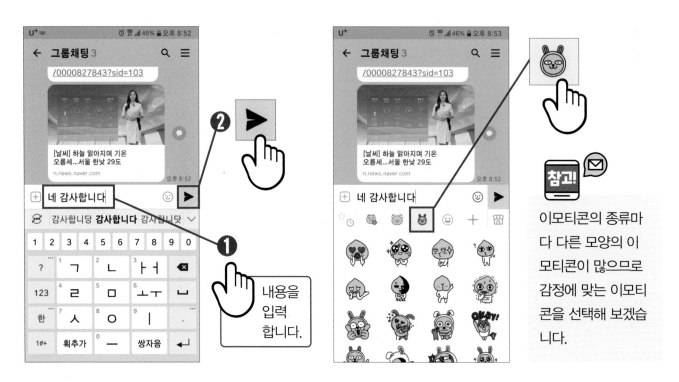

참고! 이모티콘의 종류마다 다른 모양의 이모티콘이 많으므로 감정에 맞는 이모티콘을 선택해 보겠습니다.

10 화면을 위로 올려서 다른 종류의 이모티콘을 봅니다. 보낼 이모티콘을 누른 후 [전송(▶)]을 누릅니다.

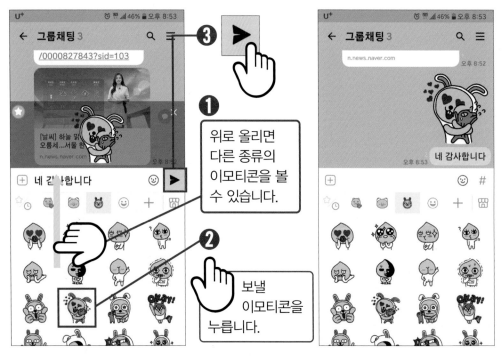

11 대화방을 나가기 위해 [← 그룹채팅]을 누릅니다. 단체로 대화하던 대화방이 보입니다.

12 대화방을 2~3초간 누르면 메뉴가 나타나는데 [나가기]를 누릅니다. [확인]을 누릅니다.

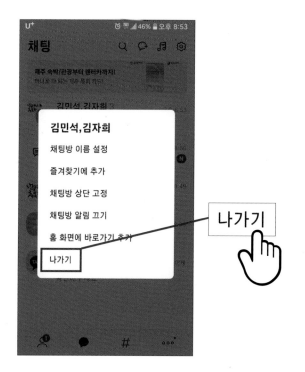

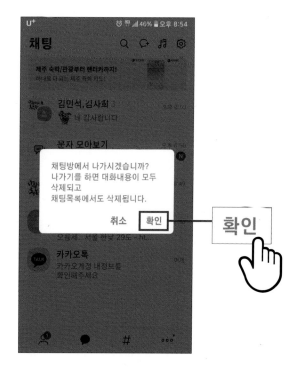

⓭ 단체로 대화하던 대화방이 삭제됩니다. 대화를 시작할 때 친구로 추가했던
사람이 [새로운 친구] 목록에 보입니다.

새로운 친구가
나타납니다.

참고!

대화를 하던 다른 사
람들은 대화방에 있
기 때문에 대화방이
나에게만 보이지 않
는 것입니다.

친구 관리하기

카카오톡에 있는 친구들을 즐겨 찾는 친구로 등록하거나,
숨김 및 차단을 할 수도 있습니다.

1) 즐겨 찾는 친구 등록하기

자주 대화하는 사람들을 한 곳에 모아서 관리할 수 있습니다. 찾는 번거로움을 덜할
수 있습니다.

01 [친구 목록]을 보면 순서가 [내 프로필], [채널], [친구]로 되어 있습니다.
친구 목록을 아래로 내려 [즐겨 찾는 친구]에 등록할 친구를 찾습니다.

내 프로필과
채널 사이에
새롭게 즐겨찾기
항목이 생기게
됩니다.

즐겨 찾는
친구로
등록할 사람을
2~3초간
누릅니다.

02 즐겨 찾는 친구에 등록할 사람을 2~3초간 터치하고 있으면 메뉴가 나타나
는데 [즐겨찾기에 추가]를 누릅니다. 즐겨찾기에 추가가 되었다는 메시지
가 나타납니다.

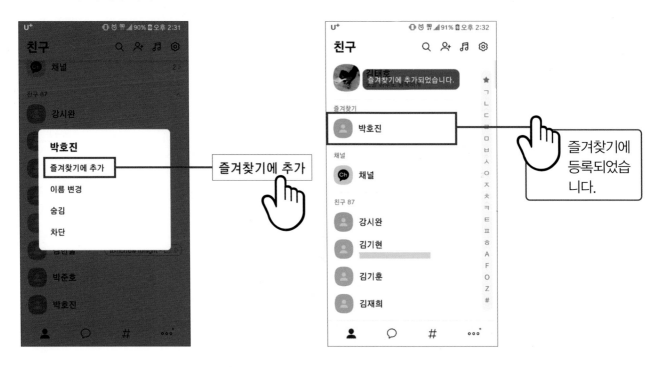

즐겨찾기에 추가

즐겨찾기에 등록되었습니다.

03 화면을 아래로 내리는 것이 번거롭다면 🔍을 누른 후 즐겨찾기에 등록할
친구의 이름을 입력합니다.

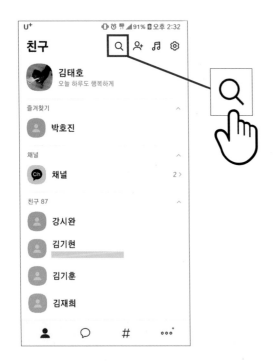

찾고 싶은 친구의 이름을 입력합니다.

친구의 이름이 맞게 나오면 누릅니다.

내가 찾는 사람이 나타나면 누릅니다.

05 등록할 사람의 프로필 화면에서 ☆ 를 누르면 ★ 로 바뀌면서 즐겨찾기에 추가되었다는 메시지가 나타납니다. ☒ 를 누릅니다.

'즐겨찾기에 추가되었습니다' 라는 메시지가 나타납니다.

06 ←를 누릅니다. 즐겨찾기에 등록됩니다.

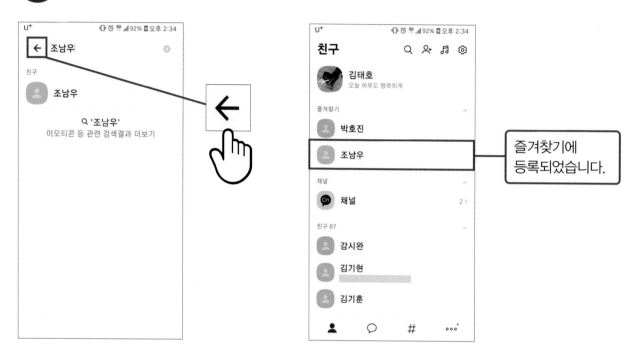

3) 친구 차단하기

모르는 사람이 카카오톡 친구에 있는 경우가 있습니다. 이런 경우 차단을 하는 방법을 알아보겠습니다.

01 차단할 사람을 2~3초간 누르면 메뉴가 나타나는데 [차단]을 누릅니다.

02 차단에 대한 주의 사항을 읽은 후 [확인]을 누릅니다. 차단된 사람이 친구
목록에서 보이지 않습니다.

3) 친구 차단 해제하기

차단했던 사람의 차단을 해제하여 친구 목록으로 불러와 보겠습니다.

01 친구 목록이 보이는 화면에서 ⚙을 누르면 친구 관련 메뉴가 나타납니다.
[친구 관리]를 누릅니다.

02 [차단친구 관리]를 누릅니다. 차단을 해제하고 싶은 사람을 찾아 [관리]를 누릅니다.

03 [차단 해제]를 누릅니다. [확인]을 누릅니다.

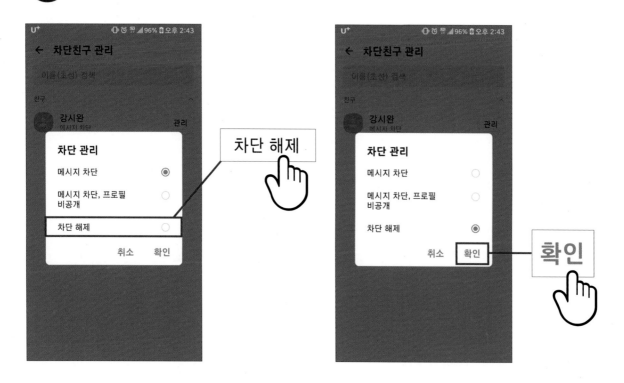

[친구 추가]를 누릅니다. ←를 누릅니다.

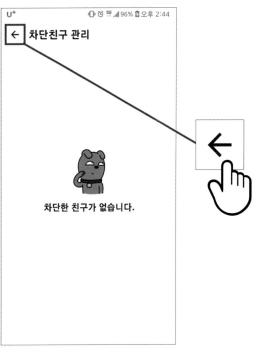

05 친구 설정 화면이 나오면 ←를 한 번 더 누릅니다. 새로운 친구로 등록됩니다.

Section 04

설정하기

카카오톡의 소리나 메시지 보는 방식을 변경할 수 있습니다.

1) 진동으로 바꾸고 키워드 알림만 활성화하기

새로운 메시지가 왔을 때 울리는 '카톡' 소리가 불편한 경우가 있습니다. 이런 경우에는 진동이나 무음으로 처리해도 됩니다.

01 ⚙을 누릅니다. [전체 설정]을 누릅니다.

02 [알림]을 누릅니다.

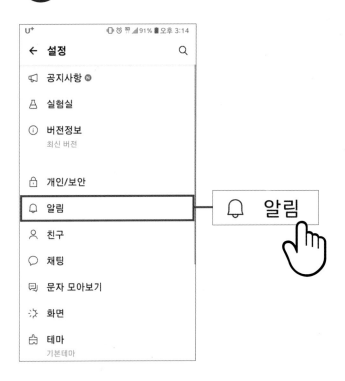

03 [소리]의 ◖◗ 을 눌러서 ◖◗ 으로 만듭니다. [키워드 알림]을 누릅니다.

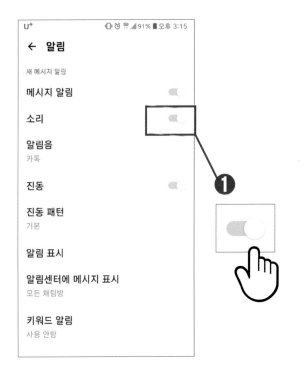

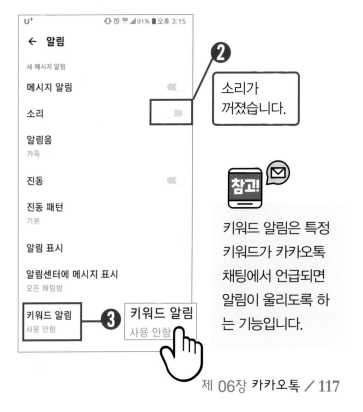

소리가
꺼졌습니다.

참고!

키워드 알림은 특정
키워드가 카카오톡
채팅에서 언급되면
알림이 울리도록 하
는 기능입니다.

[키워드 알림] 옆의 ◯◯을 눌러서◯◯ 으로 만듭니다. 입력 창이 나옵니다.

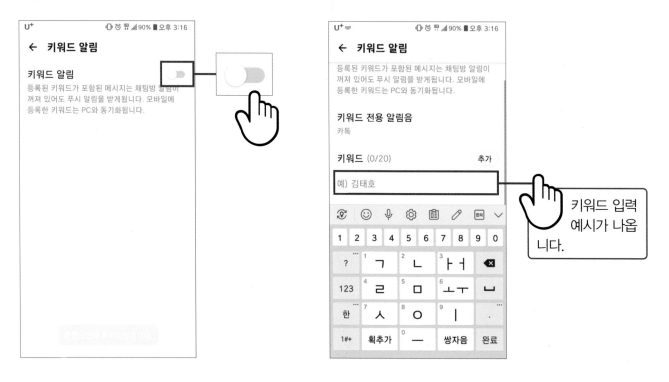

키워드 입력 예시가 나옵니다.

 알림을 받을 키워드를 입력합니다. [추가]를 누릅니다.

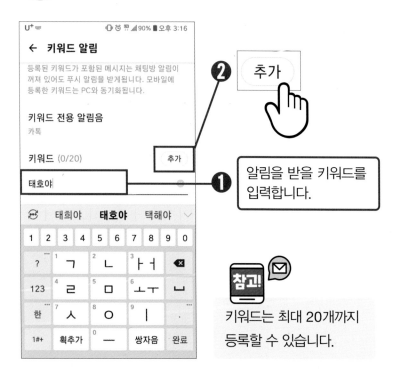

2 추가

1 알림을 받을 키워드를 입력합니다.

참고!

키워드는 최대 20개까지 등록할 수 있습니다.

키워드가 추가되었습니다. ←를 눌러 [알림 설정] 창으로 돌아옵니다.

키워드 알람을 받고 싶지 않을 때는 오른쪽의 X를 눌러 키워드를 삭제하거나,

⬤ 을 눌러서 ⬤ 으로 만들면 됩니다.

2) 소리 바꾸기

카카오톡의 소리에는 다양한 종류가 있습니다. '카톡' 소리를 다른 소리로 변경해
보겠습니다.

01 ⚙ 을 누릅니다. [전체 설정]을 누릅니다.

02 [알림]을 누릅니다. [알림음]을 누릅니다.

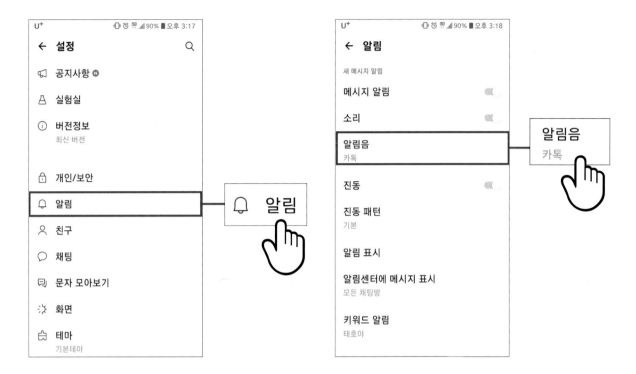

03 다양한 소리를 눌러서 들어 본 후 카톡 알림음으로 설정하고 싶은 것을 누르고,
[확인]을 누릅니다.

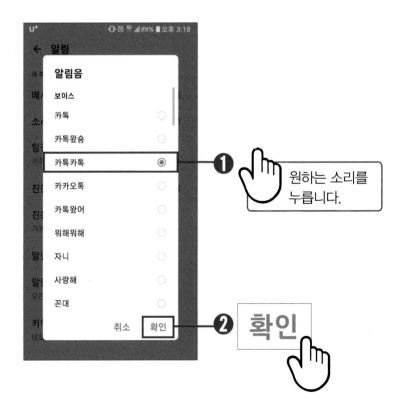

04 알림음이 바뀝니다. ←를 눌러 [알림 설정] 창으로 돌아옵니다. 한 번 더 누릅니다.

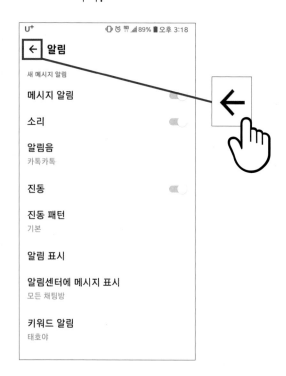

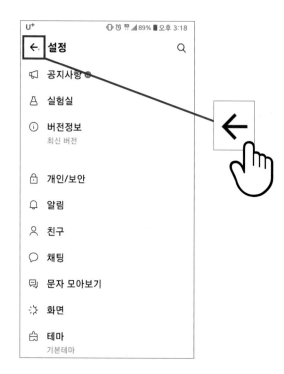

05 카카오톡 기본 창으로 돌아왔습니다.

제 07장

지하철 편하게 이용하기

지하철을 이용하는 데 편리한 앱을 설치해서 사용법을 알아보겠습니다.

지하철종결자 앱 사용하기

[Play 스토어]에서 지하철을 편하게 이용할 수 있는 [지하철종결자]
앱을 다운받아 사용하는 법을 알아보겠습니다.

01 앱에서 [Play 스토어]를 눌러서 실행한 후 입력란을 누릅니다.

02 입력란에 '지하철'이라고 입력한 후 [검색(🔍)]을 누릅니다. [지하철종결
자]를 찾아 누릅니다.

'지하철'이라고
입력합니다.

03 [설치]를 누릅니다.

설치

설치가 완료되면 [열기]를 누르면 지하철 노선도가 실행됩니다.

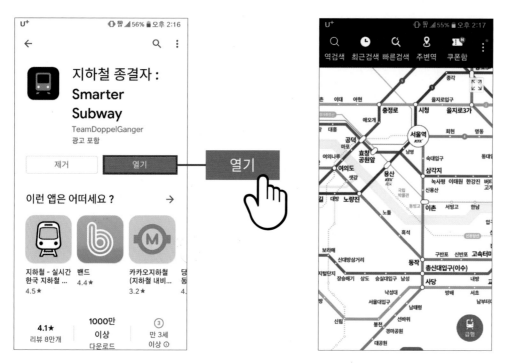

1) 목적지까지 가는 시간 알아보기

현재 시간을 기준으로 목적지까지 가는 시간을 알아보겠습니다.

01 [앱]에서 [지하철종결자]를 눌러서 실행합니다. 출발할 역을 누릅니다.

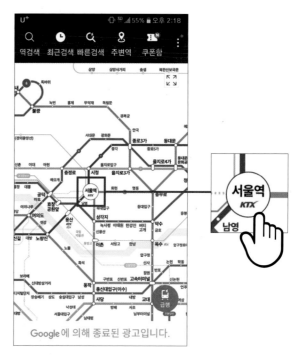

메뉴가 나타나면 [출발역]을 누릅니다. 도착역을 누릅니다.

참고!
[시간표]를 누르면 해당 역의 전철 시간표를 볼 수 있습니다.

도착할 역을 누릅니다.

03 메뉴가 나타나면 [도착역]을 누릅니다. 현재 시간이 자동으로 나타나는데 [확인]을 누릅니다.

04 출발역과 도착역이 보이면서 총 소요시간이 보입니다. [경로보기]를 누릅니다.

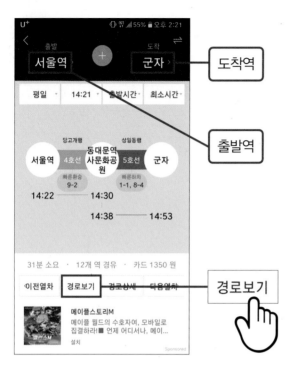

05 지하철이 지나가는 경로가 보입니다.

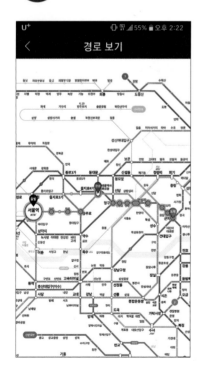

2) 10분 후 전철 시간 알아보기

10분 후나 30분 후의 전철 시간을 보는 법을 알아보겠습니다. 직행을 타야 하거나
전철이 자주 다니지 않는 시간에는 전철의 도착 시간을 알고 있으면 편리합니다.

01 [앱]에서 [지하철종결자]를 눌러서 실행합니다. 출발할 역을 누릅니다.

02 메뉴가 나타나면 [출발역]을 누릅니다. 도착역을 누릅니다.

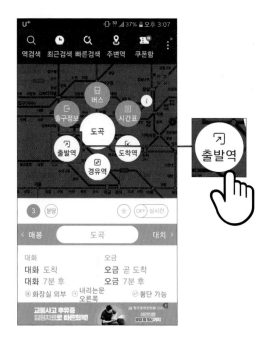

지하철
노선도에서
도착역을 누릅니다.

03 메뉴가 나타나는데 [도착역]을 누릅니다. 현재 시간이 자동으로 나타나는
데 ⌃를 여러 번 눌러서 [3]과 [18]로 만듭니다.

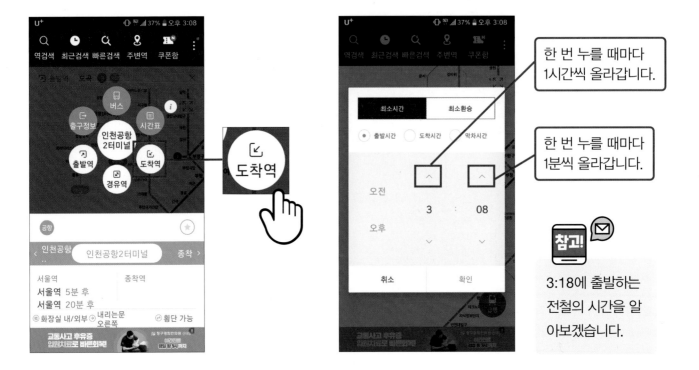

한 번 누를 때마다
1시간씩 올라갑니다.

한 번 누를 때마다
1분씩 올라갑니다.

참고!
3:18에 출발하는
전철의 시간을 알
아보겠습니다.

04 시간이 3:18이 되었으면 [확인]을 눌러서 10분 후의 전철 시간을 알아봅니다.

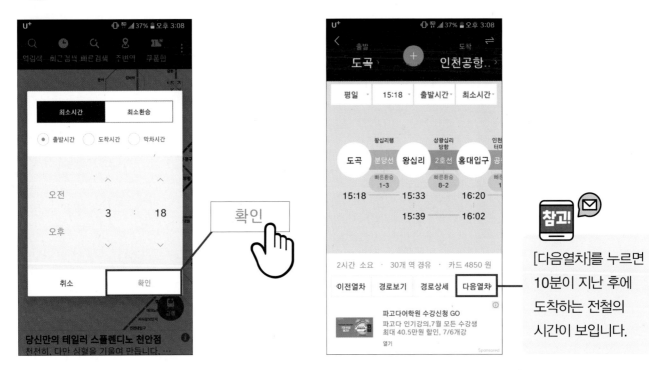

참고!
[다음열차]를 누르면
10분이 지난 후에
도착하는 전철의
시간이 보입니다.

3) 최소환승 / 최단거리

전철의 경로를 보면 같은 경로인데 시간이 다르거나 환승역의 개수가 다른 경우가
있습니다. 이런 때는 최소환승과 최단거리를 비교하여 전철을 타는 것이 좋습니다.

01 [앱]에서 [지하철종결자]를 눌러서 실행합니다. 출발할 역을 누릅니다.

지하철
노선도
에서 출발할
역을 누릅니다.

02 메뉴가 나타나면 [출발역]을 누릅니다. 도착역을 누릅니다.

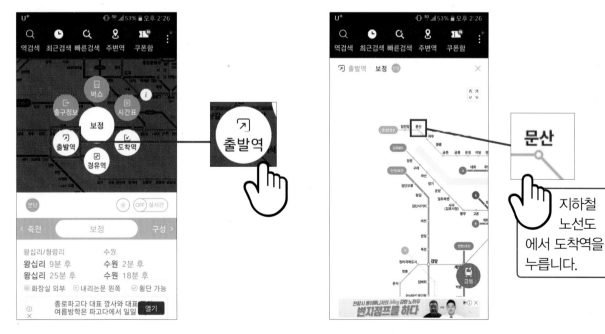

지하철
노선도
에서 도착역을
누릅니다.

03 메뉴가 나타나면 [도착역]을 누릅니다. 현재 시간이 자동으로 나타나는데 [확인]을 누릅니다.

여기서는 기본값이 [최소시간]으로 되어 있습니다.

04 [최소시간]을 누릅니다. 검색 방법 선택에서 [최소환승]을 누릅니다.

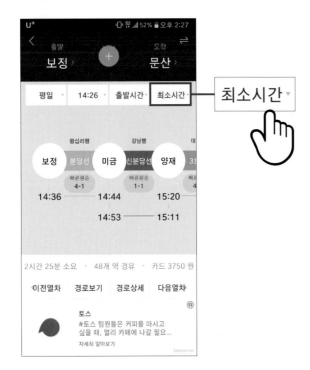

여기서는 분당선–신분당선–3호선–경의선으로 총 3번의 환승을 해야 합니다.

05 최소환승 시의 역명과 시간, 요금이 나옵니다.

2시간 25분 소요 · 54개 역 경유 · 카드 2450 원

참고!

[최소환승]과 [최소시간]을 비교할 때는 소요
시간, 요금 등을 비교하는 것이 좋습니다.

4) 역 주변 정보 보기

내가 가려고 하는 역의 주변에 어떤 건물들이 있는지 알아보고 가는 것도 좋은 방법
입니다. 여기서는 역 주변에 어떤 건물들이 있는지 알아보겠습니다.

01 [앱]에서 [지하철종결자]를 눌러서 실행합니다. 역 이름을 누릅니다.

노선도에서
원하는 역을
누릅니다.

02 [출구정보]를 누릅니다.

03 출구정보가 나오면 [지도 앱]을 누릅니다. [지도]를 누르고 [한 번만]을 누릅니다.

[항상]을 선택하면 지도를 볼 때마다 [구글맵]이 실행됩니다.

팁! 동의 및 계속

[동의 및 계속]이 나오면 [동의 및 계속]을 누르고 [동의]를 누릅니다. 사용자의 스마트폰에 따라 [동의 및 계속]은 나오지 않을 수 있습니다.

04 지도가 실행되면 화면을 축소하여 작은 지도로 봅니다.

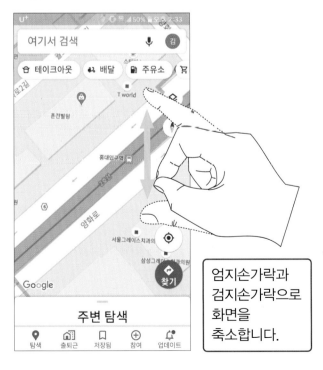

엄지손가락과
검지손가락으로
화면을
축소합니다.

[네이버 지도]를 이용하면 역 주변에 있는 건물에 대한 자세한 정보를 볼 수 있습니다.

01 [네이버 지도]를 누른 후 [한 번만]을 누릅니다.

02 정보를 알고 싶은 건물을 누르면 대략적인 정보가 나오는데 이름을 한 번 더 누르면 해당 건물(주소)에 대한 자세한 정보가 보입니다.

5) 역 검색

역을 노선도에서 찾아서 선택하기가 번거로울 경우 역의 이름을 직접 입력하여
찾을 수도 있습니다.

01 [앱]에서 [지하철종결자]를 눌러서 실행합니다. [역검색]을 누릅니다.

02 역 검색 입력란을 눌러서 검색할 역의 이름을 입력하고 아래에 나타나는
목록에서 선택할 역을 누릅니다.

역 검색
입력란을
누릅니다.

❶ 찾고 싶은
역 이름을
입력합니다.

❷ 원하는
역 이름이
나오면 누릅니다.

03 메뉴가 나타나면 [출발역]을 누릅니다. [역검색]을 누릅니다.

04 역 검색 입력란을 눌러서 검색할 역의 이름을 입력하고 아래에 나타나는 목록에서 선택할 역을 누릅니다.

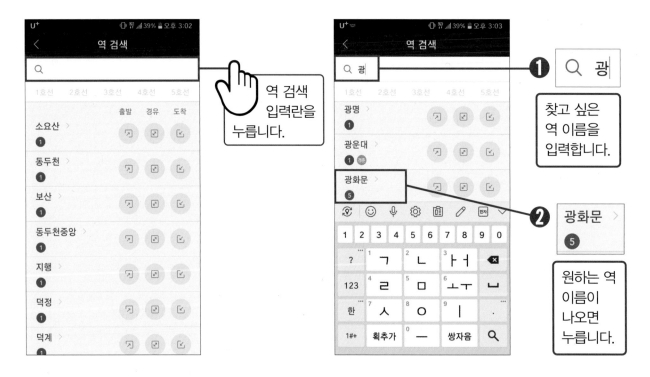

05 메뉴가 나타나면 [도착역]을 누릅니다. [확인]을 누릅니다.

06 출발역과 도착역의 환승정보가 보입니다.

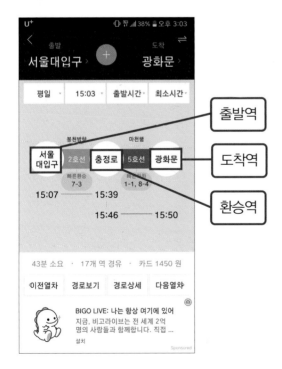

6) 빠른 검색(자주 가는 역)

집에서 가까운 전철역이나 자주 가는 전철역을 등록해 놓으면 검색하지 않고도 좀
더 빠르게 경로를 검색할 수 있습니다.

01 [앱]에서 [지하철종결자]를 눌러서 실행합니다. 자주 가는 역으로 등록할
역을 누릅니다.

자주 가는
역을 찾아서
누릅니다.

02 메뉴가 나타나면 ⭐를 누릅니다. 그러면 [잠실역을 '빠른검색'에 추가하였
습니다]라는 메시지가 나타났다 사라집니다.

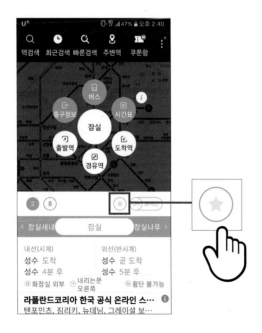

03 ☆가 [자주 가는 역(★)]으로 바뀌면 화면의 다른 곳을 누릅니다. 자주 가는 역으로 등록할 역을 누릅니다.

❶ 화면 아무 곳이나 누릅니다.

자주 가는 역으로 바뀌었습니다.

❷ 자주 가는 역을 찾아서 누릅니다.

04 메뉴가 나타나면 ★를 누릅니다. 그러면 [공덕역을 '빠른검색'에 추가하였습니다]라는 메시지가 나타났다 사라집니다.

공덕역을 '빠른검색'에 추가하였습니다.

05 ⭐가 [자주 가는 역(★)]으로 바뀌면 화면의 다른 곳을 누릅니다. [빠른 검색]을 누릅니다.

화면 아무 곳이나 누릅니다.

자주 가는 역으로 바뀌었습니다.

출발역 표시

경유역 표시

도착역 표시

참고!
[출발역]과 [도착역] 이 모두 [직접 설정] 으로 되어 아직 지 정되지 않았습니다.

06 출발역으로 선택할 역의 출발역 아이콘을 누릅니다. 도착역으로 선택 할 역의 도착역 아이콘을 누릅니다. [확인]을 누릅니다.

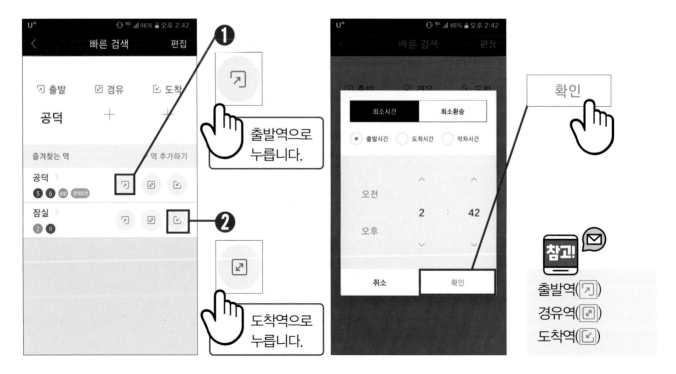

출발역으로 누릅니다.

도착역으로 누릅니다.

확인

참고!
출발역(↗)
경유역(↗)
도착역(↙)

출발역과 도착역이 지정되면서 소요시간, 환승 정보 등이 보입니다.

MEMO

제 08장

버스 이용하기

버스 앱을 설치하면 기다리는 버스가 어디쯤 오고 있는지,
또 버스 경로가 어떻게 되는지 편하게 이용할 수 있습니다.

Section
01

버스 앱 설치하기

[Play 스토어]에서 전국 스마트 버스 앱을 다운받아 설치해 보겠습니다.

01 앱에서 [Play 스토어]를 눌러서 실행한 후 입력란을 누릅니다.

02 '버스'라고 입력한 후 나타나는 항목에서 [버스]를 누릅니다. 설치할 앱을
누릅니다.

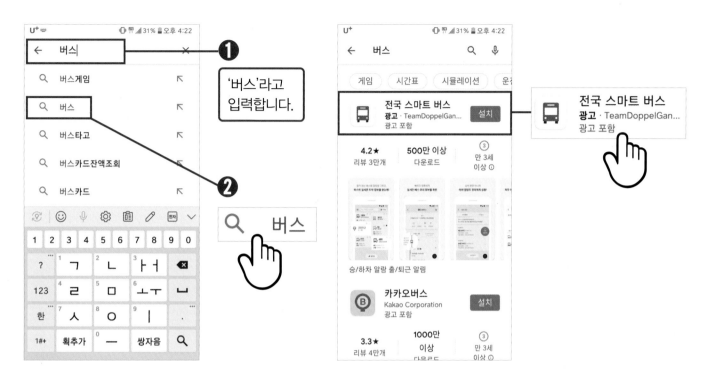

03 [설치]를 누릅니다. [동의]가 나타나면 동의를 누릅니다.

설치가 진행된 후 [열기]를 누릅니다.

설치가 진행되는 화면입니다.

열기

설치가 끝나면 누릅니다.

05 지역 설정에서 거주하고 있는 지역을 차례로 눌러서 선택한 후 [저장]을 누르면 처음 화면이 나타납니다.

지역을 선택합니다.

저장

Section

02

버스 노선 번호 검색하기

버스의 노선 번호를 검색해 보겠습니다.

01 [버스, 정류장, 경로 검색]을 누릅니다. [버스]가 선택되어 있으면 그대로
놔두고 선택되어 있지 않으면 [버스]를 누릅니다.

02 노선명 입력란을 누른 후 버스 번호를 입력합니다. 나타나는 목록에서 버스 번호를 누릅니다.

03 버스의 [지도]를 누릅니다. 버스의 경로를 확인한 후 스마트폰의 [취소 버튼(◁)]을 누릅니다.

[운행정보]를 눌러서 버스의 배차간격, 운행 거리 등을 확인합니다.

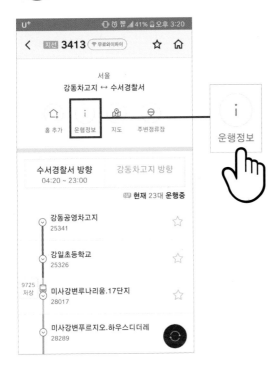

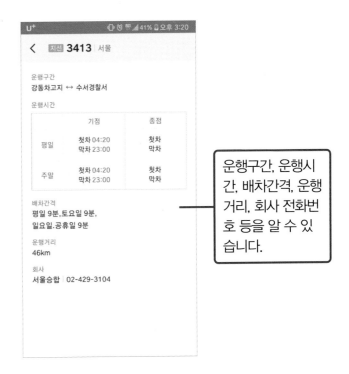

운행구간, 운행시간, 배차간격, 운행거리, 회사 전화번호 등을 알 수 있습니다.

05 정보를 알고 싶은 버스 정류장을 누릅니다.

원하는 버스 정류장을 누릅니다.

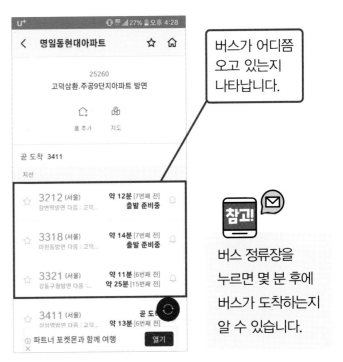

버스가 어디쯤 오고 있는지 나타납니다.

참고! 버스 정류장을 누르면 몇 분 후에 버스가 도착하는지 알 수 있습니다.

Section

03

버스 정류장으로 검색하기

버스 정류장 검색은 버스 정류장 ID나 버스 정류장 이름으로 검색이
가능합니다. 여기서는 버스 정류장 이름으로 검색을 해 보겠습니다.

01 [버스, 정류장, 경로 검색]을 누른 후 나타나는 메뉴에서 [정류장]을 누릅니다.
정류장 이름 입력란을 누릅니다.

02 정류장 이름 입력란에 검색하고자 하는 정류장을 입력한 후 나타나는 메뉴에서 찾고자 하는 정류장을 누릅니다. 정보를 알고 싶은 버스 노선번호를 누릅니다.

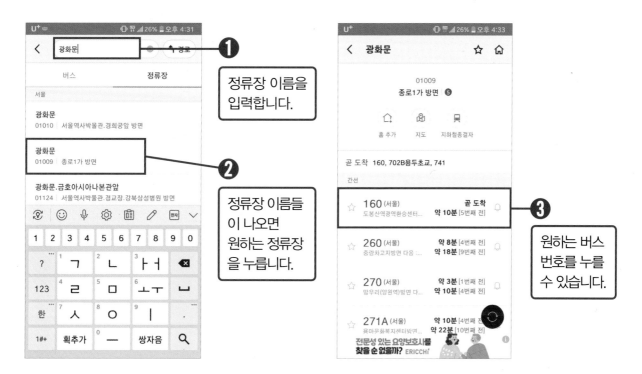

1 정류장 이름을 입력합니다.

2 정류장 이름들이 나오면 원하는 정류장을 누릅니다.

3 원하는 버스 번호를 누를 수 있습니다.

03 해당 버스의 운행 상태, 정보 등이 나옵니다. 스크린을 위 아래로 조정하여 버스 노선을 확인한 후 스마트폰의 [취소 버튼(◁)]을 누릅니다.

버스 노선이 나타납니다.

04 [지도]를 누릅니다. '광화문' 일대의 지도가 나오면 화면을 확대합니다.

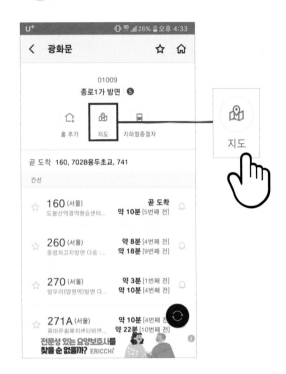

엄지손가락과 검지
손가락을 이용해서
화면을 확대합니다.

05 🚍 색으로 보이는 정류장이 내가 검색한 정류장입니다.

내가 검색한
정류장 표시입니다.

정류장의 위치를 정확하게 모를 경우
정류장의 이름으로 검색하면 됩니다.

Section 04

경로로 검색하기

출발지와 도착지를 입력하여 해당 경로로 가는 버스를 검색해
보겠습니다.

01 [버스, 정류장, 경로 검색]을 누른 후 [경로]를 누릅니다.

02 [출발] 정류장 이름 입력란을 누른 후 정류장 이름을 입력합니다.

출발 정류장 이름을 입력 하기 위해 누릅니다.

03 정류장 이름을 입력한 뒤 출발지로 선택할 정류장 이름을 누릅니다.

❶ 정류장 이름을 입력합니다.

❷ 원하는 정류장을 누릅니다.

04 [도착] 정류장 이름 입력란을 누른 후 정류장 이름을 입력합니다. 정류장
이름에서 도착지로 선택할 정류장 이름을 누릅니다.

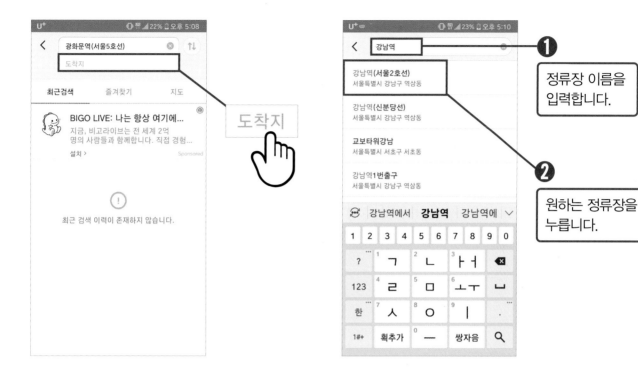

05 도착지 정류장 이름을 누르면 여러 경로가 나옵니다. 노선 번호를 누릅니다.

06 상세 경로가 나옵니다. [지도보기]를 누르면 출발지와 환승지, 도착지가
표시된 지도가 나옵니다.

Section 05

즐겨찾기로 등록하기

정류장이나 버스 노선 번호를 즐겨찾기로 등록하면 검색하지
않고 [즐겨찾기]에서 바로 찾아서 볼 수 있습니다.

1) 정류장 등록하기

자주 가는 정류장을 즐겨찾기에 등록해 보겠습니다.

01 [버스, 정류장, 경로 검색]을 누르고 [정류장]을 선택합니다.

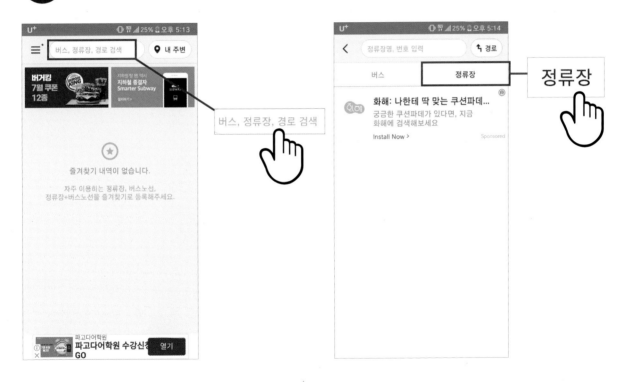

02 찾을 정류장 이름을 입력합니다. 선택할 정류장을 누릅니다.

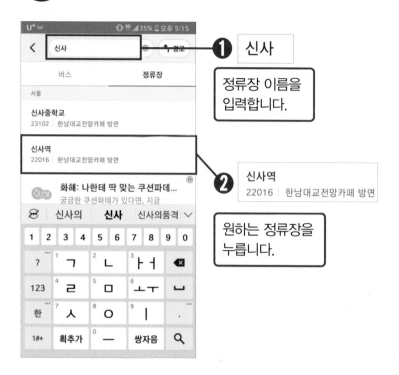

1 신사
정류장 이름을
입력합니다.

2 신사역
22016 ┃ 한남대교전망카페 방면

원하는 정류장을
누릅니다.

03 [즐겨찾기(☆)]를 누릅니다. [즐겨찾기 편집]에서 색상을 바꿉니다.

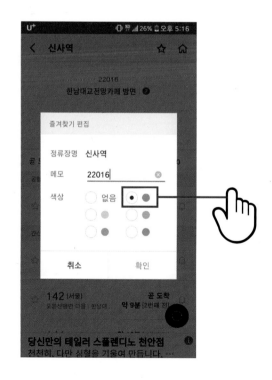

04 [확인]을 누릅니다. [즐겨찾기]가 ⭐ 로 바뀝니다. 스마트폰에서 [취소 버튼(◁)]을 누릅니다.

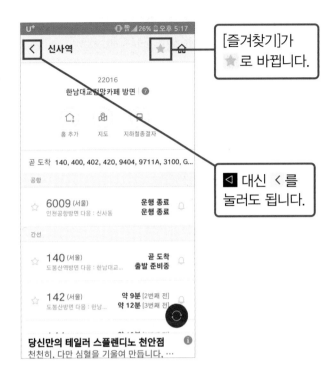

[즐겨찾기]가
⭐ 로 바뀝니다.

◁ 대신 〈 를
눌러도 됩니다.

05 한 번 더 [취소 버튼(◁)]을 누릅니다. 등록한 정류장이 즐겨찾기에 등록
되어 있습니다.

◁ 대신 〈 를
눌러도 됩니다.

참고!

정류소 아래
숫자는 정류소
ID입니다.

2) 버스 등록하기

자주 이용하는 버스 번호를 즐겨찾기에 등록해 보겠습니다.

01 [버스, 정류장, 경로 검색]을 누르고 [버스]를 선택합니다. 노선명 입력란을
누른 후 찾을 버스 노선을 입력합니다. 선택할 버스를 누릅니다.

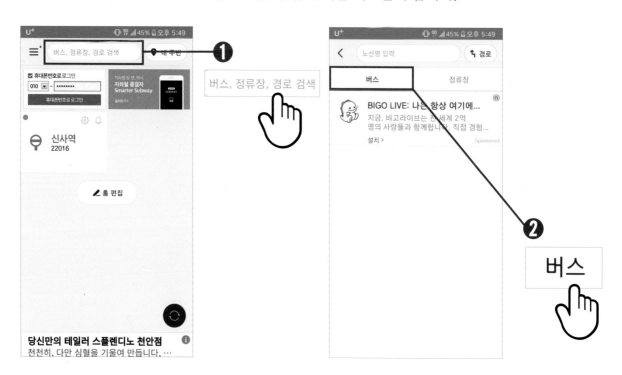

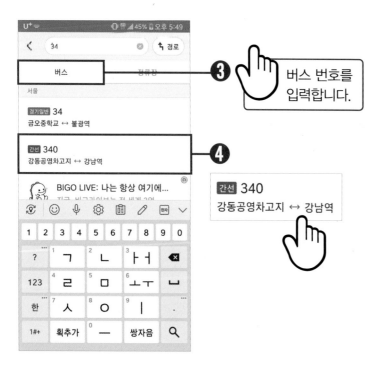

02 [즐겨찾기(☆)]를 누릅니다. [메모]를 누릅니다.

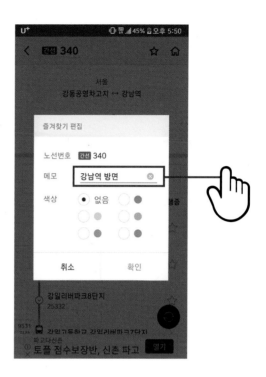

03 메모를 삭제하고 다른 메모를 입력한 후 [확인]을 누릅니다.

다른 메모를
입력합니다.

확인

[즐겨찾기]가 ⭐로 바뀝니다. 스마트폰에서 [취소 버튼(◁)]을 누릅니다.

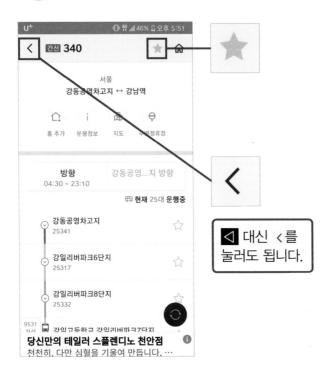

◁ 대신 ‹를
눌러도 됩니다.

05 한 번 더 [취소 버튼(◁)]을 누르면 새롭게 즐겨찾기로 등록한 노선이 보입니다.

◁ 대신 ‹를
눌러도 됩니다.

3) 즐겨찾기 삭제하기

즐겨찾기 목록에 있는 내용을 삭제해 보겠습니다.

01 [홈 편집]을 누릅니다. 삭제할 곳의 🗑을 누릅니다.

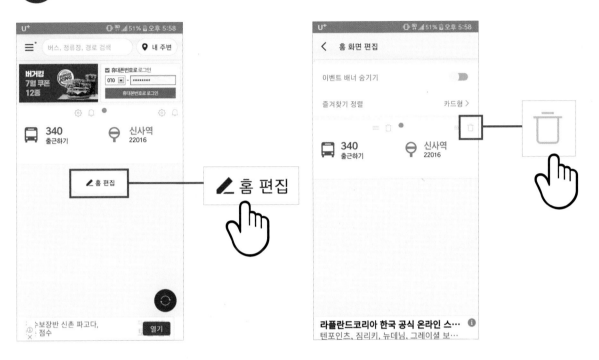

02 삭제 관련 메시지가 뜨면 [확인]을 누릅니다. 선택한 목록이 삭제됩니다.

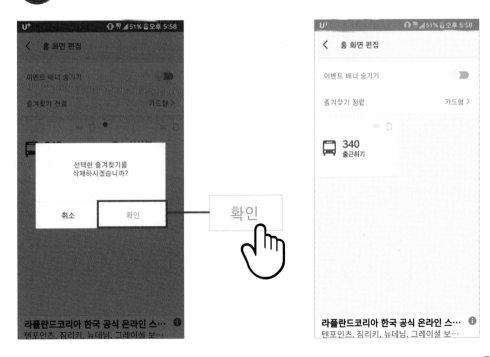

주변에서 가장 가까운
정류장 찾기

현재 내가 있는 곳에서 가장 가까운 정류장을 찾아보겠습니다.
[주변 검색]을 하려면 스마트폰에서 위치 정보가 켜져 있어야 합니다.

01 위치 정보가 켜져 있지 않다면 스마트폰의 상태 표시줄을 누른 후 아래로 내립니다.

이곳을
누른 후
밑으로
내립니다.

02 한 번 더 아래로 내립니다. 위치 정보를 찾아 누릅니다.

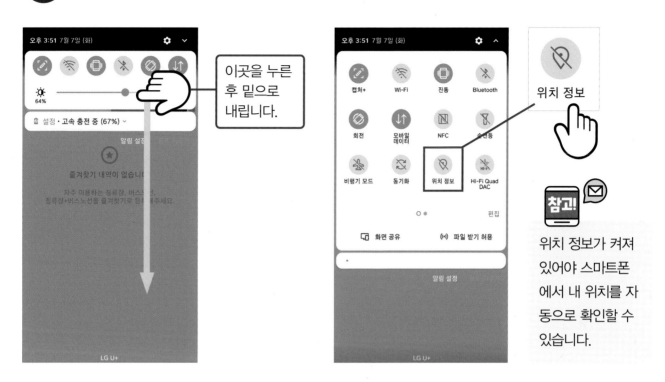

이곳을 누른 후 밑으로 내립니다.

위치 정보

참고!

위치 정보가 켜져 있어야 스마트폰에서 내 위치를 자동으로 확인할 수 있습니다.

03 위치 정보가 켜지면 화면을 위로 두 번 올립니다. [내 주변]을 누릅니다.

이곳을 누르고 위로 올립니다.

내 주변

내 주변의 버스 정류장이 나옵니다. 화면을 크게 확대합니다.

확대가
되었습니다.

05 가까운 정류장을 누릅니다. 정류장의 이름이 맞다면 정류장의 이름을 누릅
니다.

정류장
이름이
나타나면
누릅니다.

06 선택한 정류장에 정류하는 버스의 노선이 보입니다. 찾고자 하는 노선을
누릅니다. 화면을 위로 올려 버스가 어디쯤 있는지 확인합니다.

원하는
버스 번호
를 누릅니다.

현재 버스의
위치를 알려 주고
있습니다.

노선이 많을 경우, 화면을 위아래로 움직여 원하는 버스를 찾습니다.

MEMO

제 09장

내비게이션으로 길 찾기

차에 붙박이로 있는 내비게이션도 있지만 스마트폰 내비게이션은
실시간 교통 정보를 가지고 올 수 있다는 장점이 있습니다. 내비게이션을
설치하고, 지도를 다운받은 후 목적지를 설정해 보겠습니다.

Section 01

맵피 설치하기

[Play 스토어]에서 [맵피] 앱을 다운받아 설치해 보겠습니다.

01 [앱]에서 [Play 스토어]를 누릅니다. [Paly 스토어]에서 입력란을 누릅니다

02 검색어 입력란에 '내비'라고 입력하고 '내비'를 누릅니다. 설치할 내비(맵피)를 화면을 내려 찾아서 누릅니다.

❶ '내비'라고 입력합니다.

❷ 🔍 내비

mappy (맵피)
현대엠엔소프트(주)
광고 포함

03 [설치]를 누릅니다. [열기]를 누릅니다.

 04 [접근 권한 설정하기]를 누릅니다. [허용]을 누릅니다.

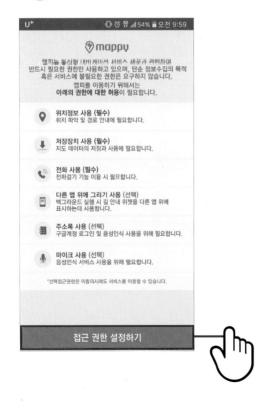

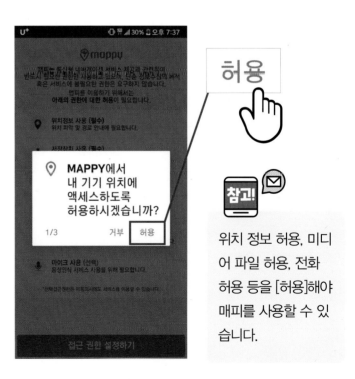

위치 정보 허용, 미디어 파일 허용, 전화 허용 등을 [허용]해야 매피를 사용할 수 있습니다.

05 [허용]을 누릅니다.

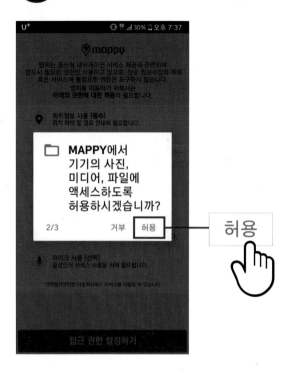

허용

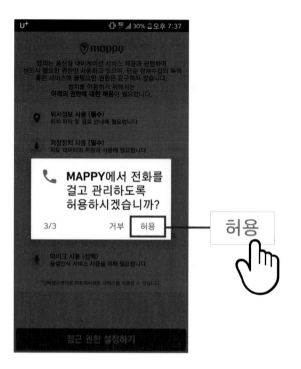

허용

06 [다음화면]을 4번 차례대로 누릅니다. [이용약관 동의]를 누른(☑) 후 [맵피 시작하기]를 누릅니다.

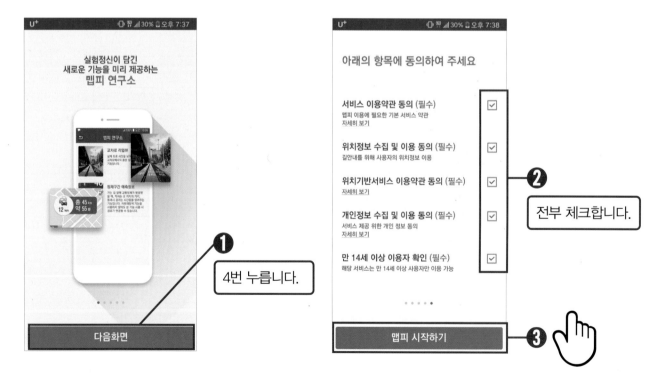

❶ 4번 누릅니다.

❷ 전부 체크합니다.

❸

로그인할 계정을 누릅니다. 계정을 선택하여 누릅니다.

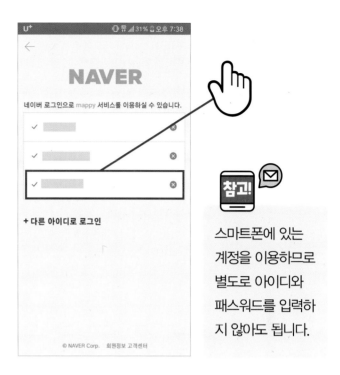

참고!

스마트폰에 있는
계정을 이용하므로
별도로 아이디와
패스워드를 입력하
지 않아도 됩니다.

08 아이디 이용 약관 화면이 나옵니다. 스크린을 위로 올려 [동의하기]를
누릅니다. 다음 페이지가 나오면 스크린을 위로 올립니다.

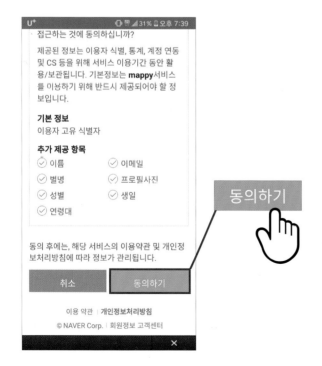

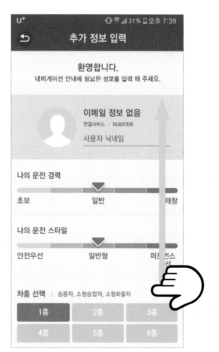

09 [추가 정보 입력]에서 자신에게 맞는 것을 차례대로 누릅니다. [작성 완료]
를 누릅니다.

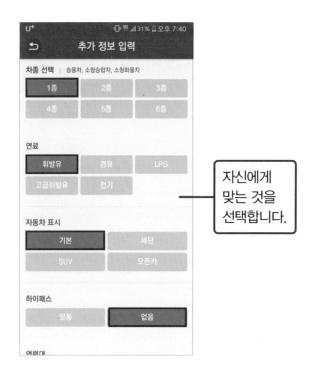

자신에게
맞는 것을
선택합니다.

작성 완료

다 작성한 후
누릅니다.

10 맵피 초기 화면이 나타납니다.

GPS 연결을 하라는 메시지가 나오면 다음과 같이 합니다.

01 [닫기]를 누릅니다. 바탕화면에서 [설정]을 찾아 들어갑니다.

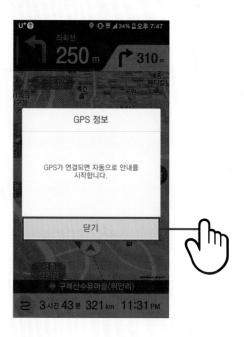 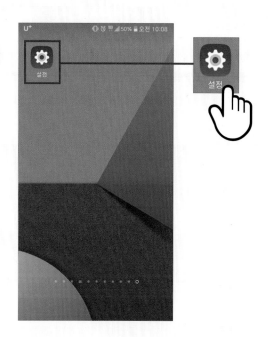

02 [잠금화면 및 보안]으로 들어갑니다.

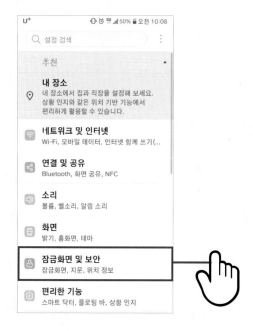 

03 스크린을 위로 올려서 [위치 정보]를 찾아 들어갑니다.

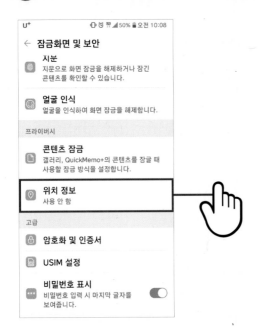

04 [사용 안 함] 옆의 ◯ 을 눌러 위치 정보를 활성화시킵니다.

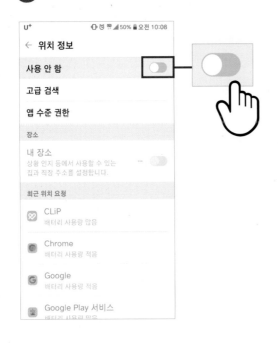
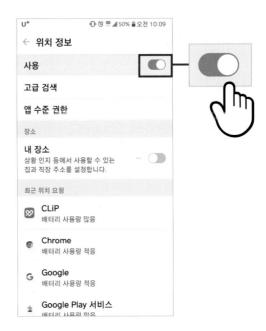

05 스마트폰의 [취소 버튼(◁)]을 눌러서 다시 맵피로 들어갑니다.

화면 위에서 손가락으로 터치한 후 내리면 나오는 메뉴창에서 [위치 정보]를 활성화시켜도 됩니다. [설정]을 확인하기 위해 조금 복잡한 과정으로 진행했습니다.

Section 02

부가 기능 사용하기

부가 기능은 맵피를 좀 더 편하게 사용하기 위한 기능입니다. 지도를 미리 받고 교통 정보를 받아 보겠습니다. 지도 받기는 와이파이(📶) 상태에서 해야 합니다.

01 맵피 초기 맵화면에서 ⋮을 누릅니다. [설정]을 누릅니다.

참고!

지도 받기는 데이터 사용량이 많아 와이파이 상태에서 하는 것이 좋습니다.

02 스크린을 위로 올려 [지도 미리받기]를 누릅니다. [확인]을 누릅니다.

참고!

지도를 미리 받으면 데이터가 절약되지만 최신 지도를 이용할 수 없습니다.

03 지도를 미리 다운받을 지역을 보고 옆의 [설치]를 누릅니다.

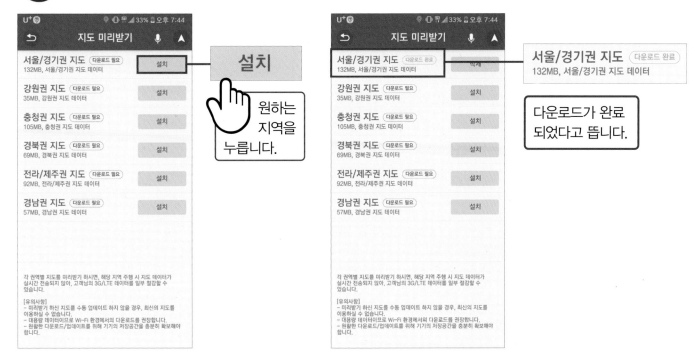

설치

원하는 지역을 누릅니다.

서울/경기권 지도 (다운로드 완료)
132MB, 서울/경기권 지도 데이터

다운로드가 완료 되었다고 뜹니다.

04 지도를 다운받으면 ⤺를 누릅니다. ⤺를 또 눌러서 초기 화면으로 돌아옵니다.

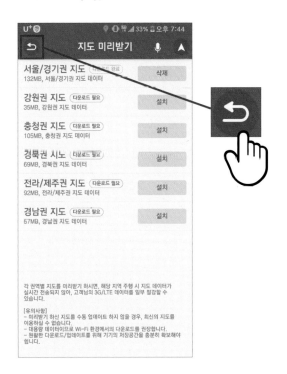

목적지 설정하고
길 찾아가기

이제 목적지를 설정하고 길을 찾아가 보겠습니다.

01 [앱]에서 [MAPPY]를 선택합니다. [공지/이벤트]가 나타나면 [확인]을 누릅니다.

[공지/이벤트]는 상황에 따라 나타나지 않을 수 있습니다.

02 검색어 입력란을 누릅니다. 검색어를 입력한 후 검색할 단어를 누릅니다.

① 산수유

검색할 장소를
입력합니다.

② 산수유마을

찾아갈 장소를
누릅니다.

03 통합검색 결과에서 도착지를 누릅니다. 출발지는 위치 정보가 켜져 있으면
자동으로 현재 위치가 나옵니다.

찾아갈 장소를
누릅니다.

04 [안내 시작]을 누릅니다.

옆의 카운트가
끝나도 자동으로
안내가 시작됩니다.

참고!

스마트폰의 성능과 날씨 여부에 따라서
연결되는 시간이 다를 수 있습니다.

05 GPS가 연결되면 안내가 자동으로 시작됩니다.

제 10장

근처에서 가까운 약국과 병원 찾기

낯선 곳에서 약국이나 병원을 급하게 찾아야 할 때가 있습니다.

이런 때 약국과 병원을 찾는 방법에 대해서 알아보겠습니다.

Section

01

열린약국 설치하기

[Play 스토어]에서 [열린약국] 앱을 다운받아 설치해 보겠습니다.

01 [앱]에서 [Play 스토어]를 누릅니다. [Play 스토어]에서 입력란을 누릅니다.

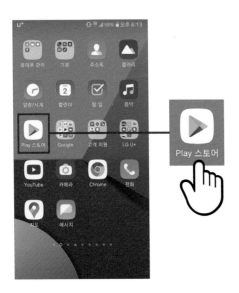

02 '약국'이라고 입력한 후 [검색(🔍)]을 누릅니다. '열린약국'을 누릅니다.

① ← 약국

'약국'이라고 입력합니다.

③

🧰 열린약국 - 마스크...
오픈메디컬

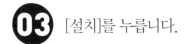 **[설치]를 누릅니다.**

 **[열기]를 누릅니다.**

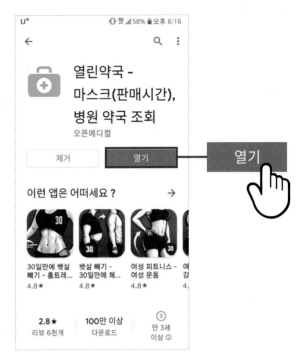

Section

02

가까운 약국 찾기

현재 내가 있는 곳에서 가까운 곳의 약국을 찾고 지도로 확인
하고, 전화를 걸어 영업 중인지 확인해 보겠습니다.

1) 약국 찾기

 열린 약국이 실행되면 [약국찾기]를 누릅니다.

 [예]를 누릅니다. [지도]를 누릅니다.

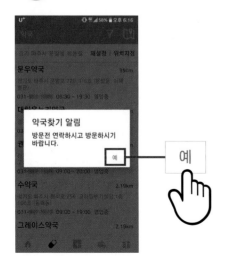

03 넓은 지도로 위치가 나옵니다.

04 화면을 확대하여 약국의 위치를 확인합니다.

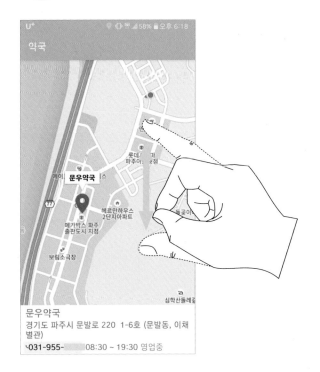

약국의 위치가
보입니다.

2) 약국에 전화하기

평일에는 대부분의 약국이 영업을 하지만 저녁시간이나 공휴일에 영업을 하지 않는
경우에는 미리 전화를 해서 영업을 하는지 확인하는 것이 좋습니다.

01 근처에서 가장 가까운 약국을 누릅니다. [전화하기]를 누릅니다.

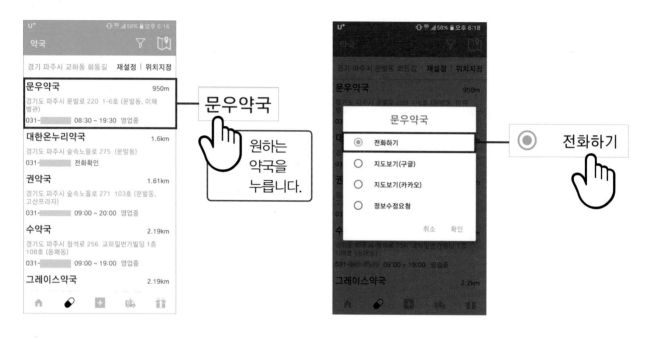

02 전화로 사용할 앱을 누른 후 [한 번만]을 누릅니다. [통화]를 눌러서 전화를
겁니다.

Section 03

가까운 병원 찾기

현재 내가 있는 곳에서 가까운 곳의 병원을 검색해
보겠습니다.

1) 가까운 곳에 있는 병원 찾기

01 [병원찾기]를 누릅니다.

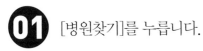

02 찾는 진료과목을 보는 가장 가까운 병원을 누릅니다.

원하는 병원을 누릅니다.

03 [지도보기]를 누릅니다. 자신에게 편한 앱으로 보면 됩니다.

지도보기(구글)

참고!

지도보기는 기본적인 구글 맵을 선택했습니다.

04 위치를 확인한 후 전화번호를 누릅니다. 전화 화면에 전화번호가 나오면
[통화]를 누릅니다.

2) 응급센터 찾기

01 [응급센터]를 누릅니다. 가까운 응급센터를 누릅니다.

이후 과정은 앞 페이지에서 설명한 위치 확인하고 전화 거는 과정과 똑같습니다.

제 11장

다음(daum) 앱 사용하기

대표 인터넷 사이트인 다음(daum.net)에서 제공하는 기본 앱은 다양한 기능을 지원하고 있습니다. 꽃 사진을 분석하여 어떤 꽃인지 알려 주며 음악을 들려 주면 어떤 음악인지 알려 주기도 합니다.

Section

01

다음 앱 설치하기

[다음] 앱을 설치해 보겠습니다.

01 [Play 스토어]를 누릅니다. 검색어 입력란을 누릅니다.

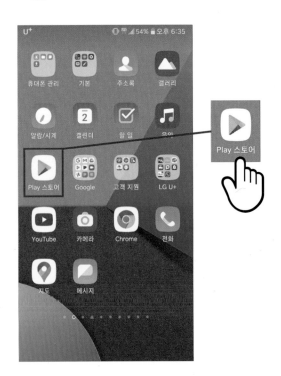

02 검색어 입력란에 '다음'을 입력한 후 [다음]을 누릅니다. [설치]를 누릅니다.

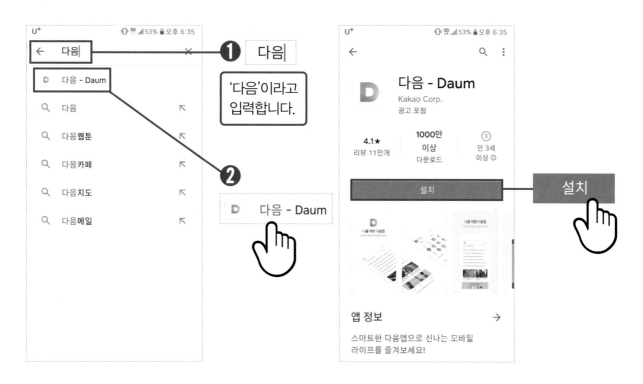

03 설치가 완료되면 [열기]를 누릅니다.

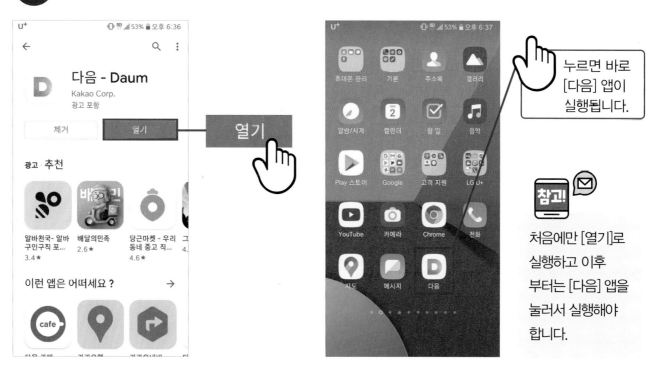

누르면 바로 [다음] 앱이 실행됩니다.

참고!

처음에만 [열기]로 실행하고 이후 부터는 [다음] 앱을 눌러서 실행해야 합니다.

Section
02

사진으로 꽃 이름 알기

[다음] 앱에 있는 기능을 이용해서 꽃 사진을 찍은 후
꽃의 이름을 알아보겠습니다.

01 [다음] 앱을 누릅니다. 🎤 을 누릅니다.

198 / 어른들을 위한 가장 쉬운 스마트폰

02 [꽃검색]을 누릅니다. [허용]을 누릅니다.

작업의 허용 여부
질문은 처음에
한 번만 나옵니다.

03 카메라가 나오면 꽃에 가까이 가져간 후 [촬영]을 누릅니다. 사진을 자동으로
인식하면서 무슨 꽃인지 알려 줍니다.

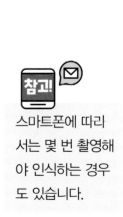

스마트폰에 따라
서는 몇 번 촬영해
야 인식하는 경우
도 있습니다.

Section 03

음악 찾기

음악을 들으면서 이 노래가 무슨 노래인지 알고 싶다면 [다음] 앱의 [음악검색]을 이용하면 무슨 노래인지 알 수 있습니다.

01 [다음] 앱을 누릅니다. 🌸을 누릅니다.

[음악검색]을 누릅니다. [허용]을 누릅니다.

음악을 분석합니다.

음악을 듣는 중입니다.

04 분석이 끝나면 듣고 있는 음악의 이름을 알려 줍니다. 음악 앨범에 대한 정보도 알려 줍니다.

[다음] 앱의 다른 기능들

[다음] 앱에서 [메뉴(☰)]를 누르면 [다음] 앱에서 사용 가능한 서비스의 목록이 나옵니다. [로그인]을 해야 가능한 것도 있지만 로그인하지 않고도 사용 가능한 서비스도 있습니다.

하나씩 눌러서 어떤 서비스가 있는지 살펴보는 것도 [다음] 앱을 효과적으로 이용하는 방법이 될 수 있습니다.

제 12장

네이버
(naver.com) 앱

네이버 앱은 인터넷을 이용하여 네이버에서 할 수 있는 서비스
(메일, 카페, 블로그 등)를 한 번에 이용할 수 있도록 모아 놓은 앱입니다.

Section

01

네이버 앱 설치하기

[Play 스토어]에서 [네이버] 앱을 설치해 보겠습니다.

01 앱에서 [Play 스토어]를 누릅니다. 입력란을 누릅니다.

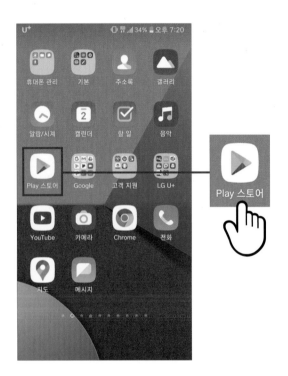

02 검색어 입력란에 '네이버'라고 입력한 후 네이버를 누릅니다. [설치]를 눌러
[네이버] 앱을 설치합니다.

03 설치가 완료되면 [열기]를 누릅니다. [허용]을 누릅니다.

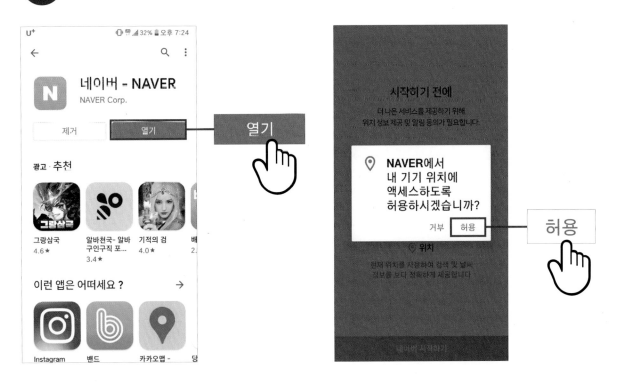

[네이버] 앱 설치 시, 스마트폰에 따라 [위치 정보 사용 설정] 메시지가 나타날 때가 있습니다.
그럴 때는 아래의 과정대로 합니다.

01 [위치 정보 사용 설정]이 나타나면 [환경설정]을 누릅니다. [위치 정보]의 OFF를
눌러서 ON으로 이동합니다.

손가락으로
누른 채로
오른쪽으로 밀어
줍니다. 스마트폰에
따라 그냥 누르면
바뀌기도 합니다.

02 스마트폰의 [취소 버튼(◁)]을 누릅니다.

참고! 위치 정보 사용 설정 과정은 사용자의 스마트폰에
따라서 나타나지 않을 수 있습니다. 166p에서 다루는
위치 정보를 켜는 과정대로 따라 해도 됩니다.

제 13장

오늘의 뉴스를 읽어 보기

네이버와 다음은 접속을 하면 바로 뉴스를 볼 수 있습니다. 글자를
키우거나 작게 해서 뉴스를 읽어 보는 방법에 대해서 알아보겠습니다.

다음(daum)에서 뉴스 읽기

....

[다음] 앱에서 뉴스를 읽을 수 있는 방법을 소개합니다.

01 [다음] 앱을 누릅니다. [다음(daum.net)]에서 읽을 뉴스를 누릅니다.

읽고 싶은 뉴스를 누릅니다.

02 뉴스 화면이 나오면 화면을 눌러서 위로 올립니다. ㉮를 누릅니다.

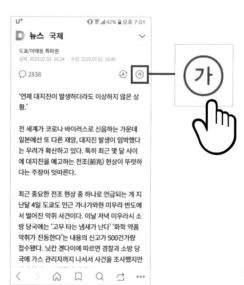

손가락으로 누른 채로 화면을 위로 올립니다.

가

03 오른쪽으로 이동하면 크기가 크게 변경됩니다. 확인 후 ╳를 누릅니다.

누른 상태로 오른쪽으로 이동하면 크기가 확대됩니다.

04 내용을 다 읽은 후 스마트폰의 [취소 버튼(◁)]을 누릅니다.

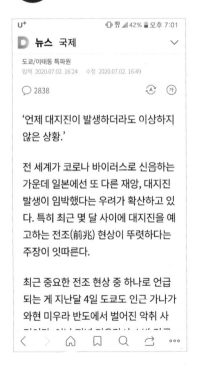

네이버 뉴스도 글자 크기를 누르면 글자의 크기가 커집니다.

💬 팁! 최신 뉴스 읽어 보기

[실시간 속보–뉴스속보 및 실시간이슈] 앱을 설치하면 신문사 웹사이트를 일일이 돌아다니지 않고도 신문사들의 새로운 뉴스들을 주제별로 한 번에 실시간으로 볼 수 있습니다.

제 14장

오늘의 날씨 알아보기

현재 내가 있는 곳의 날씨를 알아보겠습니다.

날씨와 체감 온도, 일출 시간과 일몰 시간도 알 수 있습니다.

Section 01

원기날씨 앱 사용하기

[Play 스토어]에서 [원기날씨] 앱을 다운받아 설치하고
사용법을 익혀 보겠습니다.

01 앱에서 [Play 스토어]를 눌러서 실행한 후 입력란을 누릅니다.

02 검색어 입력란에 '원기날씨'라고 입력하고 [검색(🔍)]을 누릅니다. [원기날씨]를 누릅니다.

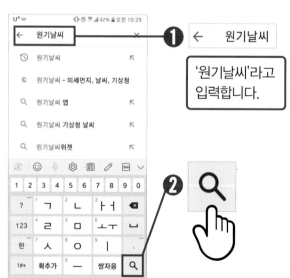

① ← 원기날씨

'원기날씨'라고
입력합니다.

② 🔍

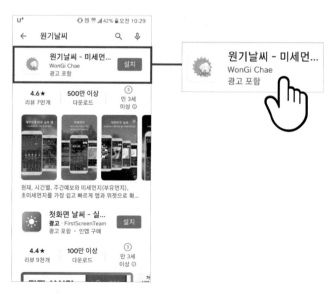

원기날씨 - 미세먼...
WonGi Chae
광고 포함

03 [설치]를 누릅니다.

04 [열기]를 누릅니다.

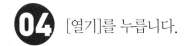

1) 설정하기

01 먼저 지역을 선택해야 합니다. 거주 [지역]을 누릅니다.

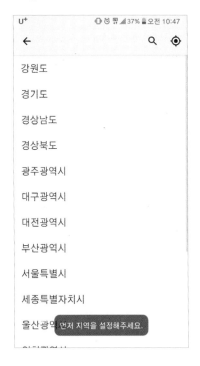

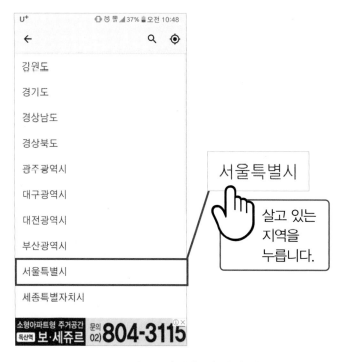

살고 있는 지역을 누릅니다.

지역을 차례대로 누릅니다.

서대문구

연희동

2) 둘러보기

 설정한 지역의 날씨가 보입니다. [주간예보]를 누릅니다.

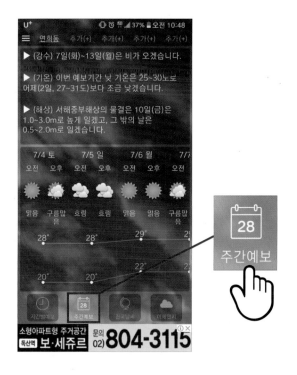

주간예보

02 [전국날씨]를 누릅니다.

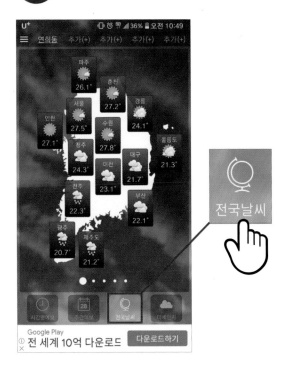

전국날씨

03 [미세먼지]를 누릅니다.

미세먼지

3) 미세먼지 알람 받기

미세먼지 알람을 받도록 신청해 보겠습니다.

01 [메뉴(≡)]를 누릅니다. [날씨 알람]을 누릅니다.

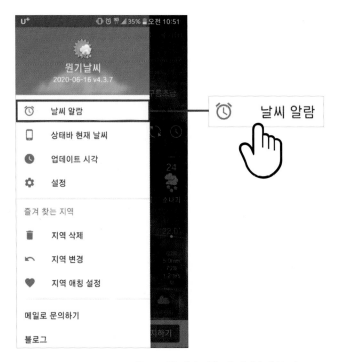

날씨 알람

02 농도를 [매우나쁨]으로 변경합니다.

03 시계가 나타납니다. [오후]를 누른 후 알람을 받기 원하는 시간을 누릅니다.

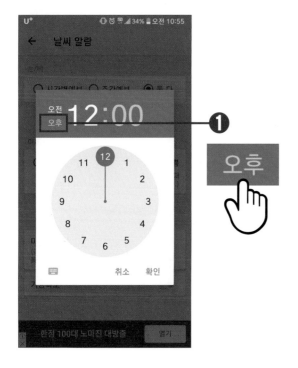 

여기서는 [오후] [2시 30분]에 [미세먼지]가 [매우나쁨]이면 알람에서 알려 주는 것으로 설정하겠습니다.

시간이 설정되면 시계가 분침으로 자동으로 바뀝니다.

 알람을 받을 분을 누른 후 [확인]을 누릅니다. 알람이 설정되었습니다.

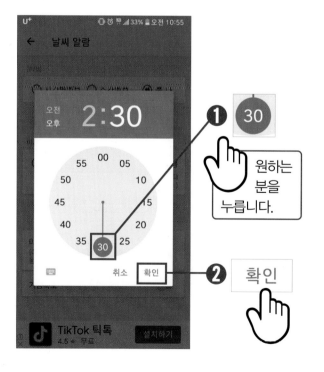

원하는
분을
누릅니다.

확인

4) 지역 추가하기

원기날씨는 여러 지역을 설정하여 사용자의 편의에 따라 쉽게 볼 수 있습니다.

01 [추가]를 누릅니다. 추가하려는 지역을 누릅니다.

02 지역을 차례대로 누릅니다.

03 추가한 지역의 날씨 정보가 나타납니다.

상암동

추가한 지역인
상암동의 날씨가
보입니다.

Section 02

위젯 사용하기

위젯(widget)은 자주 사용하는 기능을 바탕화면에서 빠르고 쉽게 접근할 수 있도록 만들어 놓은 앱입니다. 날씨를 위젯으로 만들어 바탕화면에서 날씨 정보를 빠르게 볼 수 있도록 설정해 보겠습니다.

1) 위젯 설치하기

01 바탕화면의 빈 곳을 꾹 누르고 있습니다. [위젯]을 누릅니다.

빈 곳을 꾹 누릅니다.

여러 기능들이 나타납니다.

 참고!

위젯이 있는 위치 및 원기날씨 위젯이 있는 화면의 순서는 사용자의 스마트폰마다 다를 수 있습니다.

02 주제별로 다양한 형태의 위젯이 있습니다. [위젯] 화면에서 왼쪽 방향으로 화면을 밀어서 다음 화면으로 이동합니다. [원기날씨]를 선택합니다.

03 바탕화면 위젯으로 사용할 위젯을 2~3초간 누르면 바탕화면이 나타나는데 위젯을 터치한 채로 바탕화면으로 이동합니다.

2~3초간
누릅니다.

 참고!

바탕화면에 위젯을 설치할 공간이 없다면 위젯을 바탕화면에 만들 수 없습니다.

바탕화면에 위젯이 만들어집니다. 지역을 누릅니다.

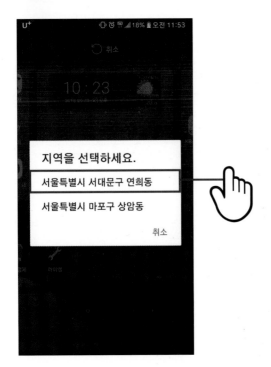

2) 날씨 정보 업데이트

바탕화면에 설치된 위젯을 누르면 나타나는 여러 가지 메뉴에 대해 알아보겠습니다.

01 [원기위젯]을 누릅니다. [예보 업데이트]를 누릅니다.

02 날씨 정보가 업데이트됩니다.

날씨 정보 업데이트는 날씨가 급격하게 변화하지
않는 한 특별하게 내용이 바뀌지는 않습니다.

3) 업데이트 시각 확인

날씨 정보가 업데이트된 시각을 확인하는 것입니다.

 [원기위젯]을 누릅니다. [업데이트 시각 확인]을 누릅니다.

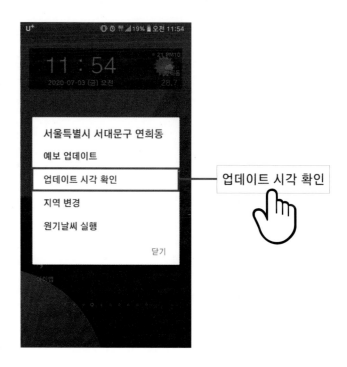

 날씨 정보가 업데이트된 시각을 확인할 수 있습니다. [닫기]를 누릅니다.

4) 즐겨찾는 지역 변경

01 [원기위젯]을 누릅니다. [지역 변경]을 누릅니다.

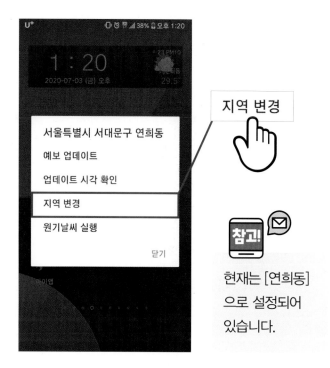

지역 변경

현재는 [연희동]
으로 설정되어
있습니다.

02 변경할 지역을 누릅니다. 위젯의 지역이 바뀝니다.

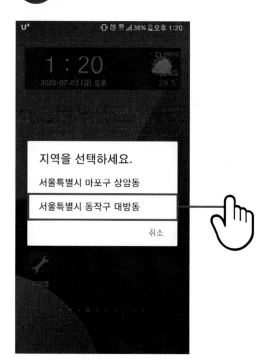

5) 원기날씨 실행

01 [원기위젯]을 누릅니다. [원기날씨 실행]을 누릅니다.

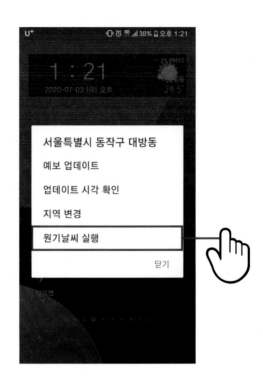

02 날씨가 실행됩니다. 다른 지역을 누르면 해당 지역의 날씨가 보입니다.

대방동
날씨가
보입니다.

연희동
날씨가
보입니다.

G마켓에서 쇼핑하기

스마트폰에서 쇼핑을 즐길 수 있는 G마켓에 가입을 한 후

물건을 구매해 보겠습니다.

G마켓 앱 설치하고
가입하기

[Play 스토어]에서 대표 쇼핑몰 중 하나인 [G마켓] 앱을
설치하고 가입해 보겠습니다.

01 Play 스토어에서 [입력란]을 누른 후 '지마'라고 입력하면 G마켓이 가장 위에
보이는데 누릅니다.

① ← 지마

'지마'라고
입력합니다.

②

G마켓을
누릅니다.

02 [설치]를 누릅니다.

03 설치가 완료되면 [열기]를 누릅니다. 권한 안내가 나오면 [확인]을 누릅니다.

 [허용]을 누릅니다.

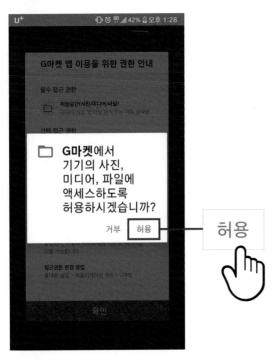

허용

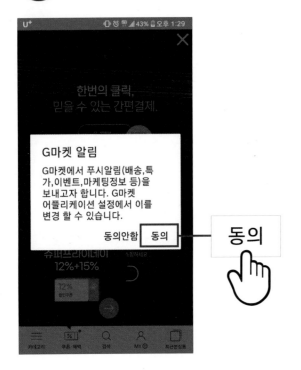 알림이 필요하면 [동의]를 누릅니다. ✕를 누릅니다.

동의

참고!

[동의안함]을
눌러도 상관없
습니다.

06 [MY ⓖ( )]를 누릅니다. [회원가입]을 누릅니다.

회원가입

07 [가입하기]를 누릅니다.

가입하기

08 [전체동의]를 누릅니다. 회원가입 양식이 나타납니다.

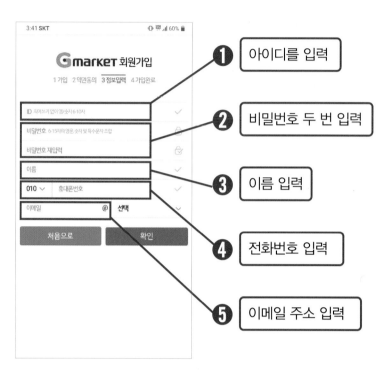

❶ 아이디를 입력

❷ 비밀번호 두 번 입력

❸ 이름 입력

❹ 전화번호 입력

❺ 이메일 주소 입력

09 [아이디]와 [비밀번호], [비밀번호 재입력]을 입력한 후 [이름], [전화번호]를 입력하고 [이메일]을 입력한 후 선택을 눌러서 이메일 서버를 누릅니다. [확인]을 누릅니다.

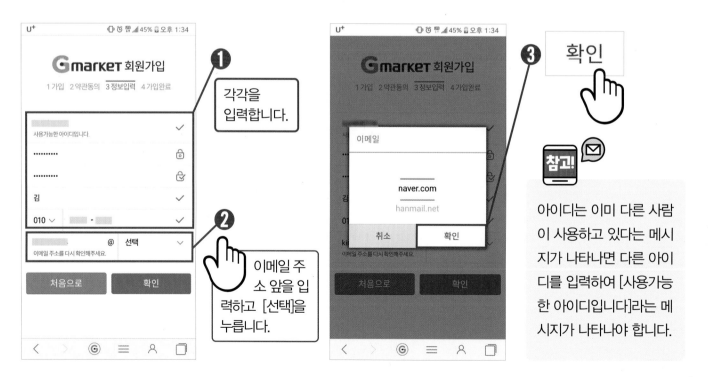

❶ 각각을 입력합니다.

❷ 이메일 주소 앞을 입력하고 [선택]을 누릅니다.

❸ 확인

참고!

아이디는 이미 다른 사람이 사용하고 있다는 메시지가 나타나면 다른 아이디를 입력하여 [사용가능한 아이디입니다]라는 메시지가 나타나야 합니다.

❿ [확인]을 누릅니다. [로그인]을 누릅니다.

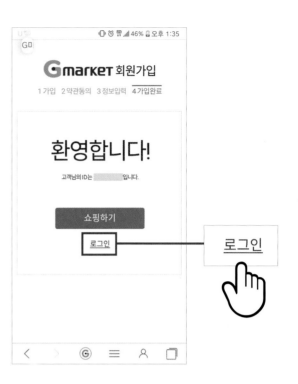

⓫ [아이디], [비밀번호]를 입력하고 [로그인]을 누릅니다.

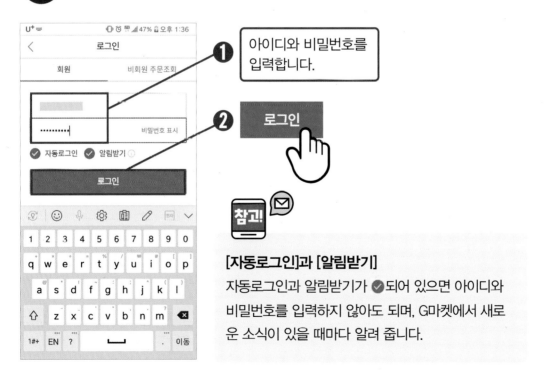

[자동로그인]과 [알림받기]
자동로그인과 알림받기가 ✔️되어 있으면 아이디와
비밀번호를 입력하지 않아도 되며, G마켓에서 새로
운 소식이 있을 때마다 알려 줍니다.

알림 서비스 안내가 나타나면 [확인]을 누릅니다.

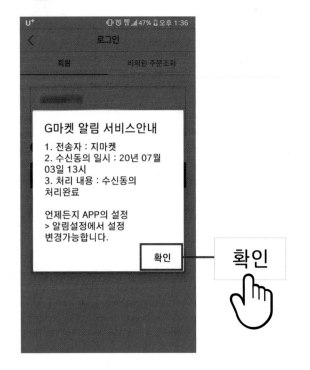

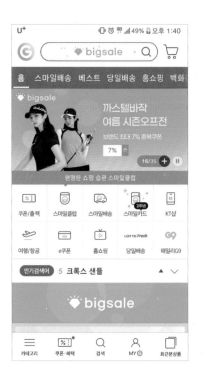

상품 구매하기

이제 G마켓에서 상품을 구매해 보겠습니다. 책의 내용을 읽어 본 후 필요한 상품을 검색해서 주문하면 됩니다.

01 G마켓 처음 화면에서 [MY@( )]를 누른 후 아이디와 비밀번호 입력란을 눌러서 입력합니다.

아이디와 비밀번호를 입력합니다.

로그인

02 [myG] 페이지가 나타납니다. [검색]을 누릅니다.

03 구매할 상품의 이름을 입력한 후 [검색]을 누르면 카테고리가 나타납니다.

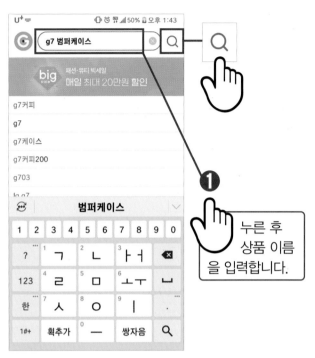

누른 후 상품 이름을 입력합니다.

카테고리는 상품의 분류입니다. 같은 이름을 가진 상품이 여러 종류가 있을 수 있기 때문에 분류를 선택해야 합니다.

04 카테고리를 선택한 후 [정렬]을 눌러서 정렬 방법을 선택합니다. 내려서 보다가 상품 목록이 나타나면 보고 싶은 상품을 누릅니다.

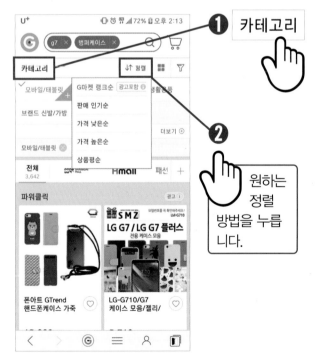

카테고리

원하는 정렬 방법을 누릅니다.

자세히 보고 싶은 상품을 누릅니다.

[정렬] 방법은 상품을 가격 낮은 순이나 판매 인기순 등으로 정렬해서 볼 수 있으며 보는 방법도 선택할 수 있습니다.

05 화면을 위로 올려서 상품의 내용을 다 읽은 후 [구매하기]를 누릅니다.

① 누르면 다른 사람이 쓴 상품평을 볼 수 있습니다.

② 구매하기

참고! 다른 사람이 써 놓은 상품평을 보는 것도 좋은 상품을 고르는 한 방법입니다.

06 [구매하기]를 누르면 상품에 따라서 선택할 수 있는 옵션이 있는데 이를 선택합니다.

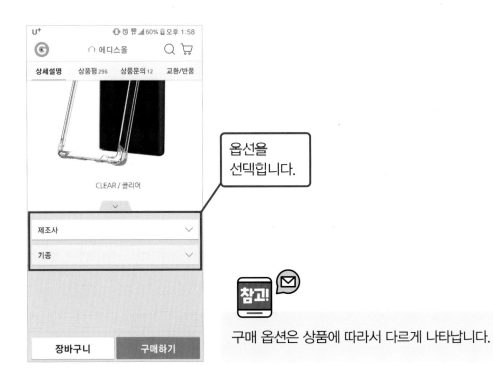

옵션을 선딕힙니다.

참고! 구매 옵션은 상품에 따라서 다르게 나타납니다.

07 입력한 정보에 따라 구매할 제품 정보가 나옵니다. 확인한 후 [구매하기]를 누릅니다.

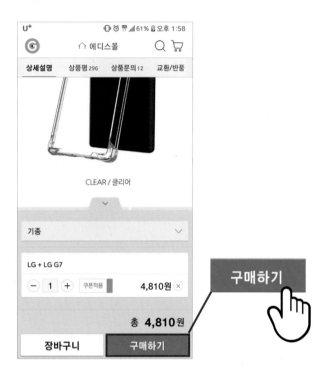

08 [배송지 정보]를 입력하기 위해서 [이름]을 입력하고 [주소찾기]를 누릅니다.

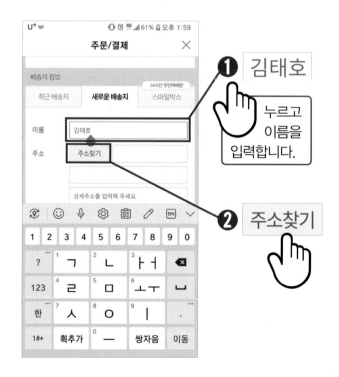

❶ 김태호
누르고 이름을 입력합니다.

❷ 주소찾기

09 주소를 찾기 위해 도로명, 건물명, 또는 지번 중 편한 방법으로 검색합니다.

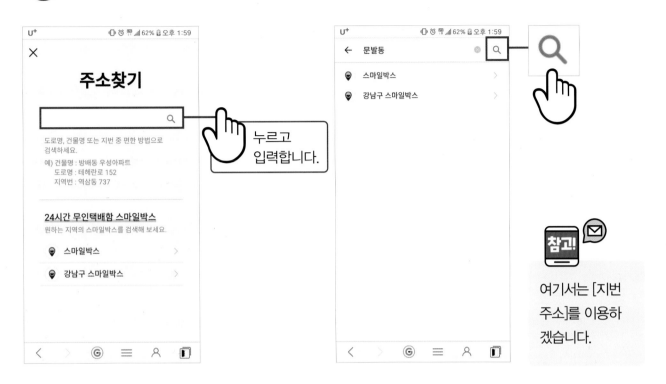

누르고 입력합니다.

여기서는 [지번 주소]를 이용하겠습니다.

10 [지역명]을 입력한 후 [검색]을 누르면 나타나는 목록에서 주소를 누릅니다.
[이 위치로 배송지 설정]을 누릅니다.

원하는 주소를 누릅니다.

이 위치로 배송지 설정

11 나머지 주소를 입력하고 연락처를 입력합니다.

나머지 주소와
연락처를 입력합니다.

12 화면을 아래로 내린 후 [배송시 요청사항(선택사항)]을 눌러서 요청사항을
선택합니다.

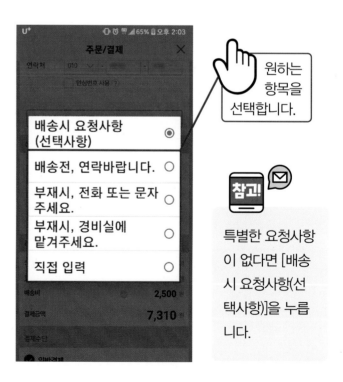

원하는
항목을
선택합니다.

참고!

특별한 요청사항
이 없다면 [배송
시 요청사항(선
택사항)]을 누릅
니다.

13 상품 가격과 배송비를 확인한 후 화면을 위로 올립니다. [무통장 입금]을
누른 후 [입금할 은행]을 선택합니다.

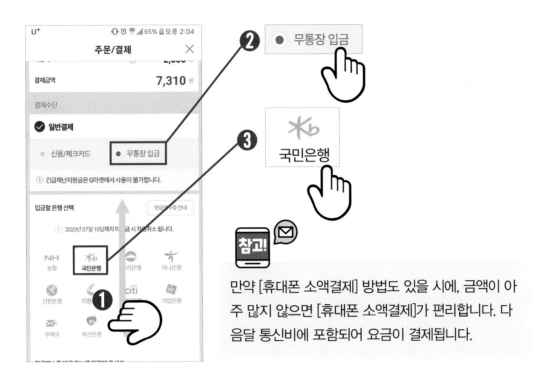

참고!

만약 [휴대폰 소액결제] 방법도 있을 시에, 금액이 아
주 많지 않으면 [휴대폰 소액결제]가 편리합니다. 다
음달 통신비에 포함되어 요금이 결제됩니다.

14 환불계좌를 입력합니다. [전체동의]를 누르고 [결제하기]를 누릅니다.

입력합니다.

15 주문 완료가 되었습니다. 무통장 입금 시, 입금 기한까지 돈을 입금은행 계좌로 송금해야 합니다.

Section 03

취소하기

상품의 주문을 취소해 보겠습니다. 주문 후 바로 취소하면 쉽게 취소가 쉽지만 시간이 지난 후에는 취소 절차가 무척 까다롭습니다. 여기서는 바로 취소해 보겠습니다.

01 [MY⒢()]로 들어갑니다. [최근 주문내역]이 보입니다.

02 아래로 내려 취소할 주문의 [취소신청]을 누릅니다. [취소신청 완료]를 누릅니다.

제 15장 G마켓에서 쇼핑하기 / 243

03 취소처리가 완료되었다는 메시지가 나타나면 [확인]을 누릅니다.

Section 04

배송 추적하기

주문한 상품이 어디쯤 가 있는지, 언제쯤 나에게 도착하는지 알아보겠습니다.

01 [최근 주문내역]에서 [배송추적]을 누릅니다. 배송 추적 결과가 나오면 내용을 본 후 [확인완료]를 누릅니다.

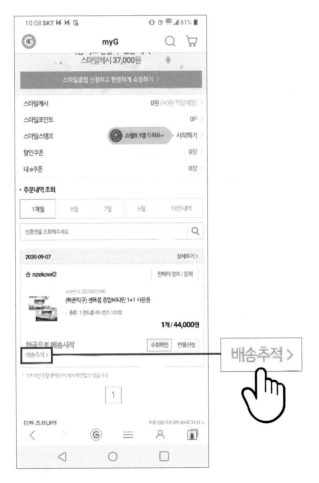

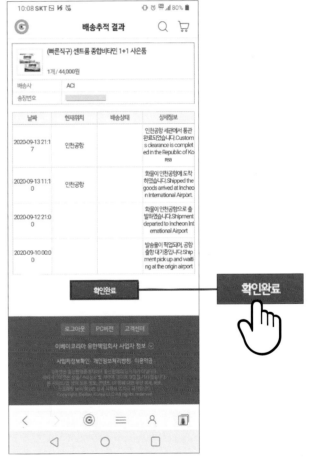

Section 05 구매 결정(수취확인)하기

상품을 수령했으면 수취확인을 해 보겠습니다.

01 [수취확인]을 누릅니다. [확인]을 누릅니다.

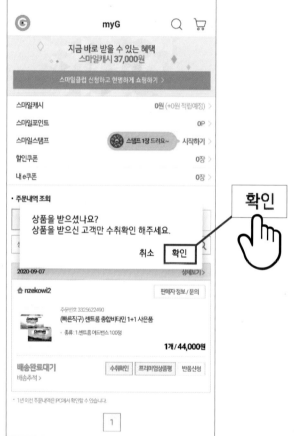

상품을 받으셨나요?
상품을 받으신 고객만 수취확인 해주세요.

취소   확인

확인

02 수취확인이 완료되었다는 메시지가 나오면 [확인]을 누릅니다. [추천여부], [배송만족]을 선택해 누릅니다.

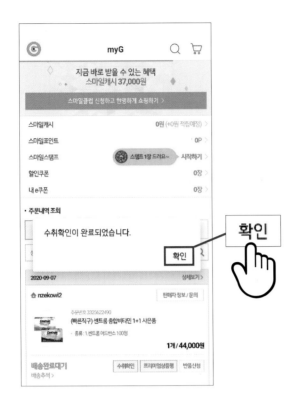

확인

추천여부와 배송만족을 선택합니다.

참고!

상품에 대한 만족도, 배송만족도 등을 선택하는 것입니다.

03 [직접입력]을 눌러서 내용을 입력한 후 [등록하기]를 누릅니다. 화면을 내려서 [구매결정하기]를 누릅니다.

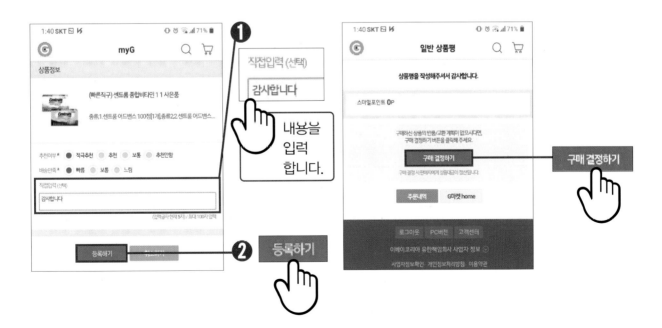

① 직접입력 (선택)
감사합니다
내용을 입력합니다.

② 등록하기

구매 결정하기

구매가 결정되었다는 메시지가 나타나면 [확인]을 누릅니다. [배송완료]로
바뀝니다.

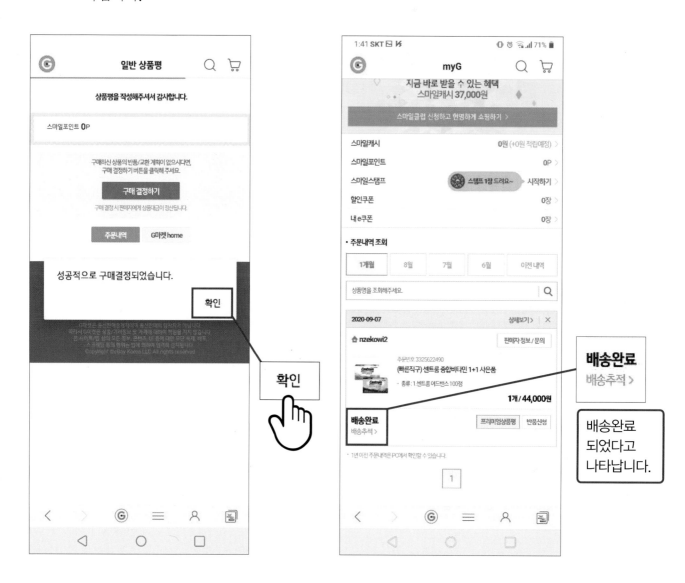

배송완료
되었다고
나타납니다.

제 16장

네이버 밴드(band) 사용하기

밴드는 네이버에서 만든 사이버 모임 공간으로 동호회나 동창회 등의
모임을 만들 수 있는 공간입니다. 밴드를 가입하고
내가 좋아하는 취미나 친구들이 있는 밴드에 가입해 보겠습니다.

Section 01

밴드 가입하기

밴드를 설치해서 가입하고 내가 좋아하는 취미나 친구들이 있는 밴드에 가입해 보겠습니다.

01 [앱]에서 [Paly 스토어]를 누릅니다. [Paly 스토어]에서 검색어 입력란을 누릅니다.

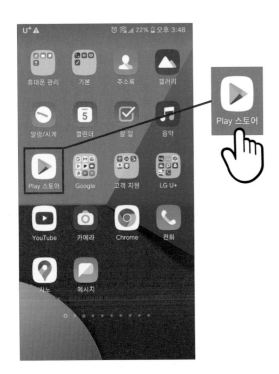

02 검색어 입력란을 눌러서 [밴드]라고 입력한 후 [밴드]를 누릅니다. [설치]를
누릅니다.

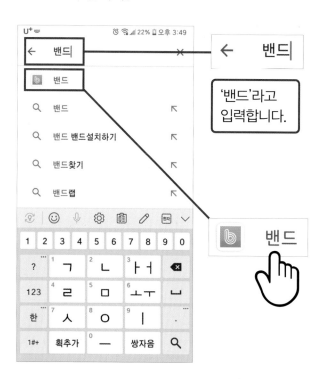

03 [열기]를 누릅니다.

04 [휴대폰 번호 또는 이메일로 가입]을 누릅니다.

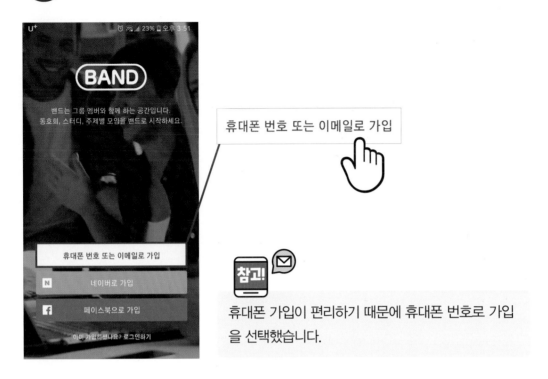

휴대폰 번호 또는 이메일로 가입

휴대폰 가입이 편리하기 때문에 휴대폰 번호로 가입을 선택했습니다.

05 전화번호 입력란을 눌러서 전화번호를 입력하고 비밀번호와 이름을 입력합니다. 생년월일도 눌러 입력합니다. [다음]을 누릅니다.

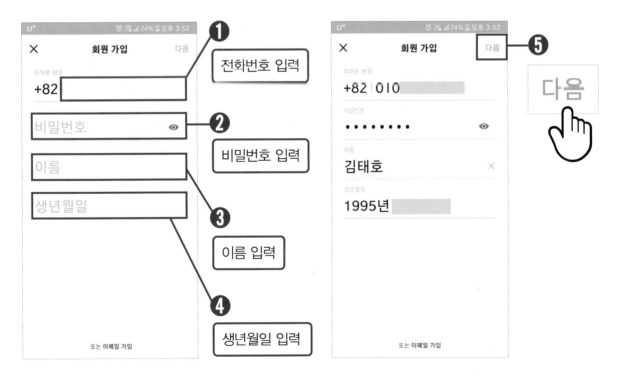

❶ 전화번호 입력

❷ 비밀번호 입력

❸ 이름 입력

❹ 생년월일 입력

❺ 다음

06 [전체 동의]를 누릅니다. [확인]을 누릅니다.

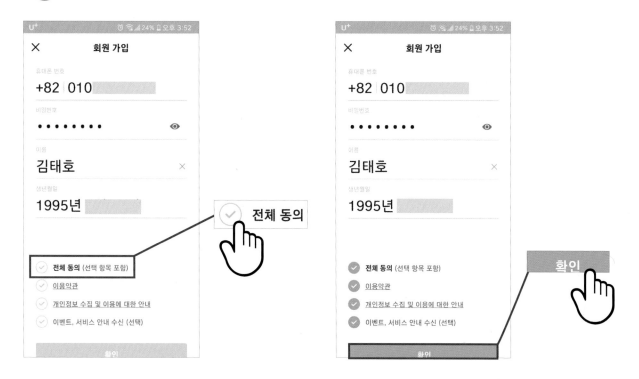

07 인증번호가 문자 메시지로 오면 인증번호 입력란을 눌러서 인증번호를
입력하고 [완료]를 누릅니다.

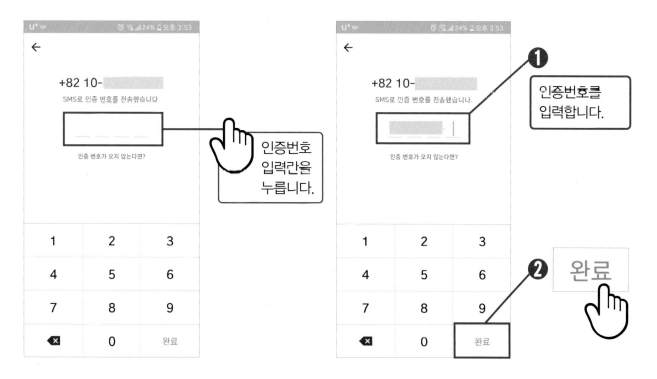

08 [성별]을 누릅니다. 성별을 선택하여 누릅니다.

성별 ✋

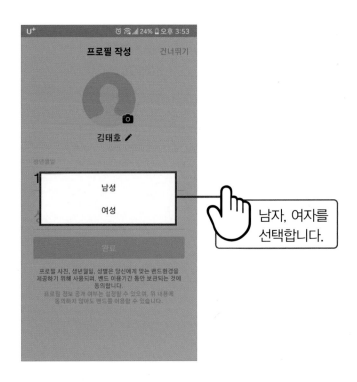

남자, 여자를 선택합니다.

09 [완료]를 누릅니다.

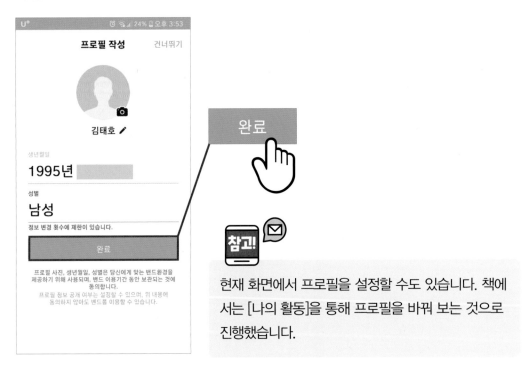

완료 ✋

참고! ✉

현재 화면에서 프로필을 설정할 수도 있습니다. 책에서는 [나의 활동]을 통해 프로필을 바꿔 보는 것으로 진행했습니다.

❿ 밴드의 기본 화면이 나옵니다. 을 누릅니다. [프로필 설정]을 누릅니다.

⓫ [내 프로필]이 나옵니다. [프로필 관리]를 누릅니다. [기본 프로필]을 누릅니다.

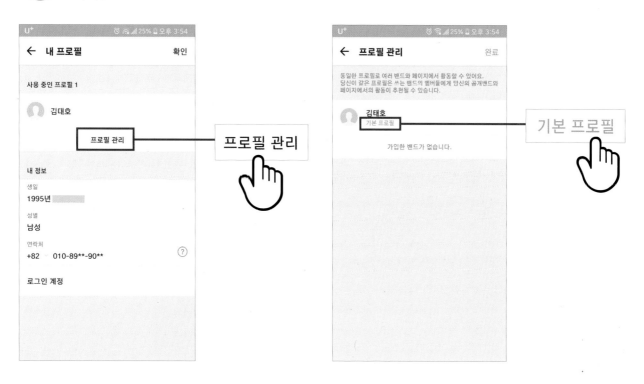

프로필 관리

기본 프로필

[프로필 수정]을 누릅니다. 사진이 들어가는 부분을 누릅니다.

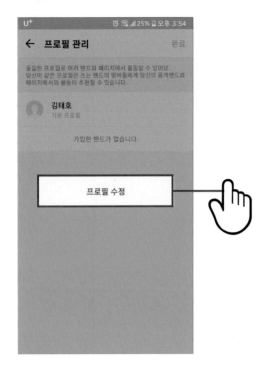

사진을 넣을 예정입니다.

 [사진 선택]을 누릅니다. [허용]을 누릅니다.

사진 선택

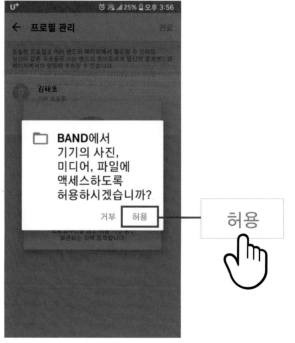

허용

14 원하는 사진을 찾아서 누릅니다.

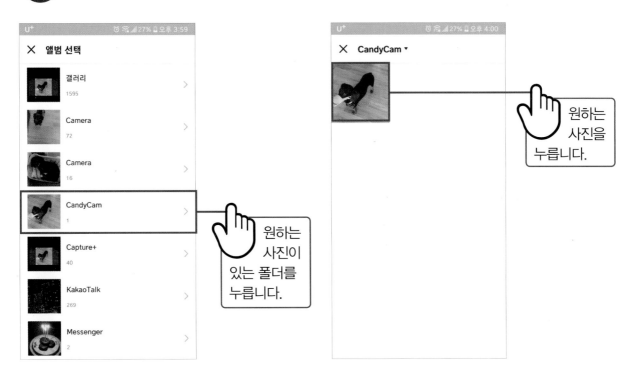

원하는 사진이 있는 폴더를 누릅니다.

원하는 사진을 누릅니다.

15 조절점을 눌러서 원하는 크기로 조절한 후 ✓를 누릅니다. [완료]를 누릅니다.

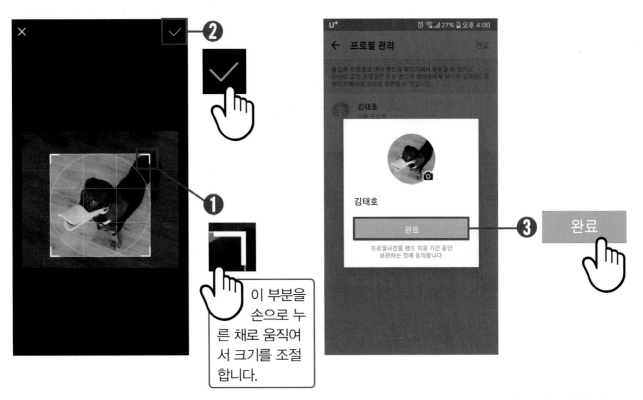

이 부분을 손으로 누른 채로 움직여서 크기를 조절합니다.

16 스마트폰의 [취소 버튼(◁)] 혹은 ←를 눌러서 이전 화면으로 돌아갑니다.
[로그인 계정]을 누릅니다.

17 [이메일]을 누릅니다. [이메일 주소] 입력란을 눌러서 밴드에서 사용할
이메일 주소를 입력한 후 [확인]을 누릅니다.

18 스마트폰의 [홈 버튼(◯)]을 누릅니다. 바탕화면에서 인터넷을 실행하여
이메일 인증을 받을 홈페이지로 접속합니다.

이메일 인증은 인터넷 접속을 통해서 해 보겠습니다.
여기서는 네이버(www.naver.com) 메일로 인증을
받을 것입니다.

19 ≡을 누릅니다. [로그인하세요]를 누릅니다.

20 아이디 입력란을 눌러서 아이디를 입력한 후 비밀번호 입력란을 눌러서 비밀
번호를 입력하고 [로그인]을 누릅니다. 메일을 누릅니다.

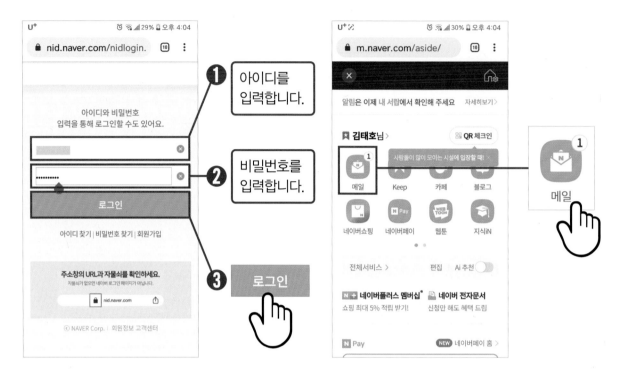

21 이메일 인증 메일을 누릅니다. 이메일 인증번호가 나와 있습니다.

22 [메뉴 버튼(■)]을 누릅니다. 다시 [밴드]로 돌아갑니다. 인증번호를 입력하면 등록 메시지가 나옵니다. [닫기]를 누릅니다.

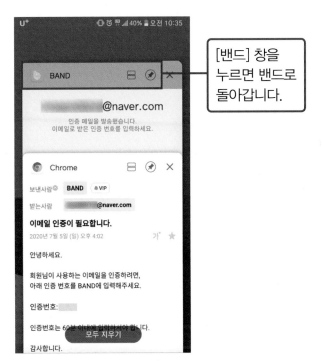

[밴드] 창을 누르면 밴드로 돌아갑니다.

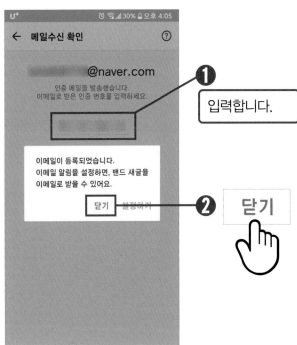

① 입력합니다.

② 닫기

23 이메일이 등록되었습니다.

2) 밴드 찾아서 가입하기

밴드를 가입하는 방법은 밴드 멤버의 초대를 받아서 가입하는 방법과 내가 가입하고 싶은 밴드를 찾아서 가입하는 방법이 있는데 여기서는 가입하고 싶은 밴드를 찾아서 가입해 보겠습니다.

01 [밴드 찾기]를 누릅니다. [주제별 찾기] 옆의 [모두보기]를 누릅니다.

02 찾고 싶은 주제를 누릅니다. 주제 중에서 가입하고 싶은 특정한 밴드를 누릅니다.

원하는 주제를 누릅니다.

가입하고 싶은 밴드를 누릅니다.

참고!

밴드의 주제는 무척 다양합니다.

밴드의 주제는 분야별로 다양하게 있습니다. 차근차근 살펴보면서 가입하고 싶은 밴드를 선택하면 됩니다.

03 [밴드 가입하기]를 누릅니다. 프로필을 누릅니다.

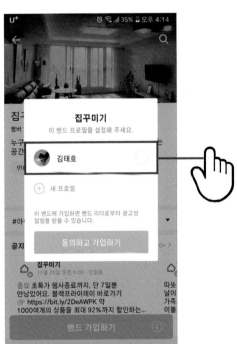

04 [동의하고 가입하기]를 누릅니다. 가입 조건이 없는 이상 [밴드에 가입했습니다]라는 메시지가 뜹니다.

05 밴드의 홈으로 돌아가면 가입한 밴드가 나타납니다.

좀 전에 가입한
밴드가 나타납니다.

3) 검색해서 가입하기

내가 원하는 주제를 가진 밴드를 검색을 통해서 찾아서 가입해 보겠습니다.

01 [밴드 찾기]를 누릅니다. [밴드, 게시글 검색]란을 누릅니다.

02 찾고자 하는 주제를 가진 단어를 입력한 후 [검색]을 누릅니다. 가입하고 싶은 밴드를 누릅니다.

원하는 주제를 입력합니다.

가입하고 싶은 밴드를 누릅니다.

03 [밴드 가입하기]를 누릅니다. 답변을 작성합니다.

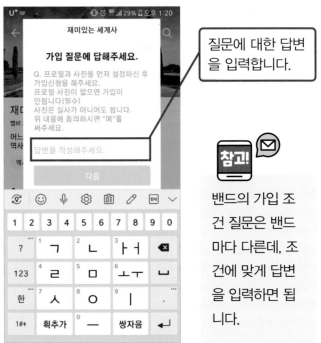

질문에 대한 답변을 입력합니다.

참고!

밴드의 가입 조건 질문은 밴드마다 다른데, 조건에 맞게 답변을 입력하면 됩니다.

 04 [다음]을 누릅니다. 프로필을 누릅니다.

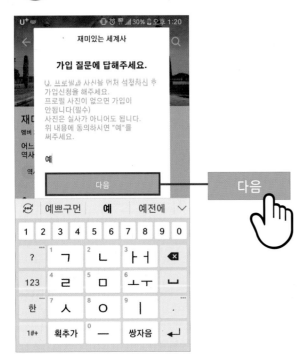

다음

[가입하기]를 누릅니다. 가입 신청 중이라는 메시지가 나타납니다.

가입 신청이 완료되고 가입 승인 중이라는 메시지가 나타납니다.

 참고!

밴드를 만든 사람이 가입을 승인해야 되는 경우도 있습니다. 가입 승인에 걸리는 시간도 다를 수 있습니다.

06 밴드의 가입이 승인되면 밴드에 가입되었다는 메시지가 나타나는데 이를 누릅니다. 가입 신청을 한 밴드의 처음 화면이 보입니다.

밴드에 가입됐다는 메시지가 나타납니다.

4) 초대받은 밴드 가입하기

밴드의 가입은 가입 신청을 해야 하는 경우도 있지만 밴드 멤버의 초대를 받아서 가입하는 경우도 있습니다. 카카오톡으로 밴드의 초대장을 받아서 가입을 해 보겠습니다.

01 카카오톡을 누릅니다. [채팅]을 누릅니다.

02 카카오톡을 누릅니다. [채팅]을 누릅니다.

밴드 초대장이 있는 대화를 누릅니다.

참고! 초대장은 30일 동안 유효합니다.

03 [초대장 바로 확인]을 누릅니다. [수락]을 누릅니다.

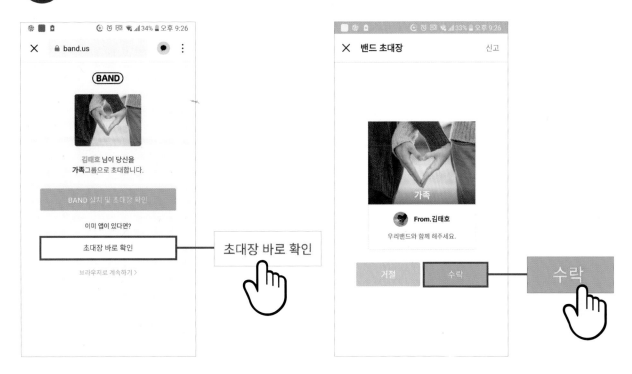

초대장 바로 확인

수락

04 프로필을 누르고 [가입하기]를 누릅니다. 내가 가입되었다는 내용의 글이 보입니다.

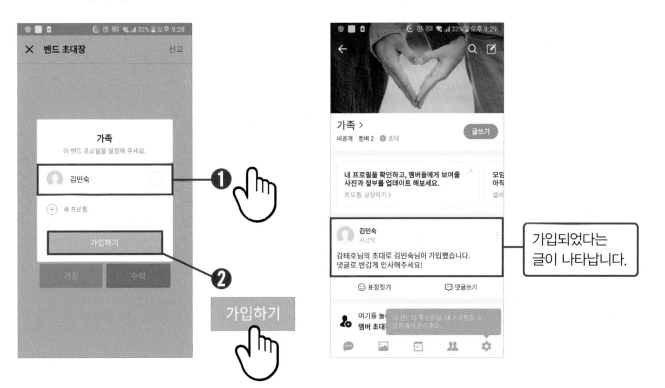

가입되었다는
글이 나타납니다.

가입하기

5) 친구에게 밴드 초대장 보내기

내가 가입한 밴드를 다른 친구가 가입하도록 초대장을 보내 보겠습니다.

01 초대장을 보내고 싶은 밴드를 누릅니다. [초대]를 누릅니다.

02 초대장을 보낼 사람이 있는 목록을 누릅니다. 초대장을 보낼 사람을 누릅니다.

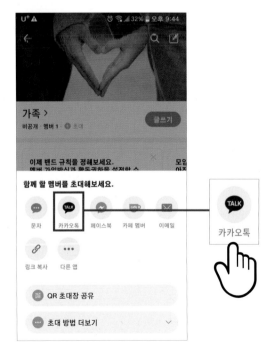
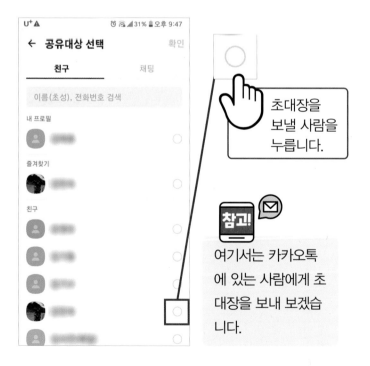

03 초대장을 보낼 사람이 선택되었습니다. 더 보낼 사람이 없으면 [확인]을 누릅니다. 상대방에게 내용이 전송됩니다.

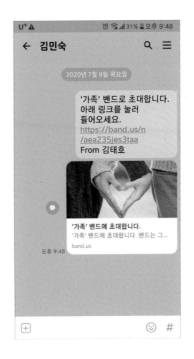

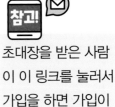
초대장을 받은 사람이 이 링크를 눌러서 가입을 하면 가입이 완료됩니다.

6) 밴드 멤버 살펴보기

밴드의 멤버가 누가 있는지 살펴보겠습니다.

01 내가 가입한 밴드를 누릅니다. [멤버(👥)]를 누릅니다.

내가 가입한 밴드를 누릅니다.

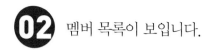 멤버 목록이 보입니다.

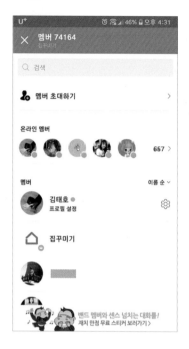

7) 글 읽고 답글 달기

다른 사람이 쓴 글을 읽고 답글을 달아 보겠습니다. 다른 사람의 글을 읽은 후에는
간단하게라도 답글을 달아 주는 것이 좋습니다.

01 내가 가입한 밴드를 누릅니다. 다른 사람이 올린 글을 누릅니다.

다른 사람이
올린 글을
누릅니다.

가입한 밴
드를 누릅
니다.

참고!

글의 내용이 길 경우
에는 내용이 다 보이
지 않으므로 눌러서
읽습니다.

내용을 읽습니다. 화면을 눌러서 아래로 내린 후 [표정(😊)]을 누릅니다.

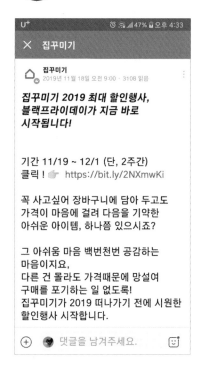

03 표정에서 표시하고 싶은 표정을 누르면 표정이 내 프로필 사진과 함께 게시됩니다.

참고! 표정은 다른 사람의 글을 읽은 후 간단하게 기분을 표시할 수 있는 이모티콘입니다. 글을 대신해서 표현 하기도 합니다.

04 화면을 위로 올린 후 댓글 입력란을 누릅니다. 댓글이나 아이콘을 입력한 후 [보내기]를 누릅니다.

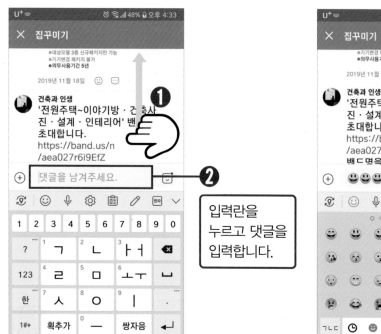

입력란을
누르고 댓글을
입력합니다.

05 댓글이 게시됩니다.

8) 다른 사람이 쓴 글에 댓글 달기

댓글은 글의 본문과 상관없이 특정인에게 글을 쓰는 것을 말합니다.

01 가입하면 자동으로 가입이 되었다는 글이 올라옵니다. 누군가 이모티콘으로 댓글을 달았습니다. 댓글을 단 사람의 이름을 누릅니다. 댓글을 단 사람 옆의 💬을 누릅니다.

댓글을 올린 사람을 누릅니다.

02 댓글을 단 사람의 이름이 자동으로 입력됩니다. 이름 뒤에 내용을 입력한 후 [보내기(▶)]를 누릅니다.

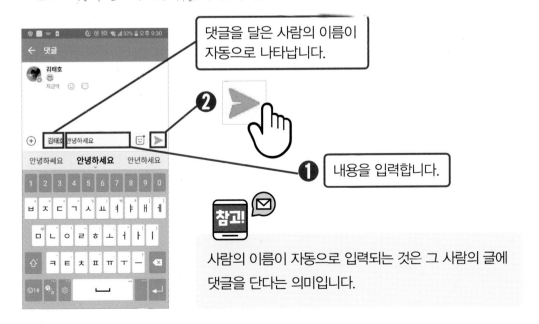

댓글을 단 사람의 이름이 자동으로 나타납니다.

❶ 내용을 입력합니다.

참고! 📧
사람의 이름이 자동으로 입력되는 것은 그 사람의 글에 댓글을 단다는 의미입니다.

03 내가 쓴 댓글이 게시됩니다.

9) 다른 사람의 프로필 보기

카페 멤버의 프로필을 보고 그 사람이 게시한 글 등을 보겠습니다.

01 프로필을 보고 싶은 멤버를 누릅니다. 프로필이 나타나면 [작성글 보기]를
누릅니다.

02 [게시글]을 볼 수 있습니다. [사진]을 누르면 그 사람이 올린 사진을 볼 수 있습니다. [댓글]을 누릅니다.

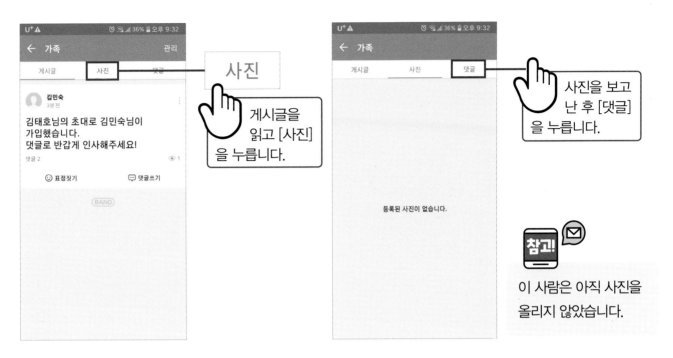

03 그 사람이 쓴 댓글을 볼 수 있습니다.

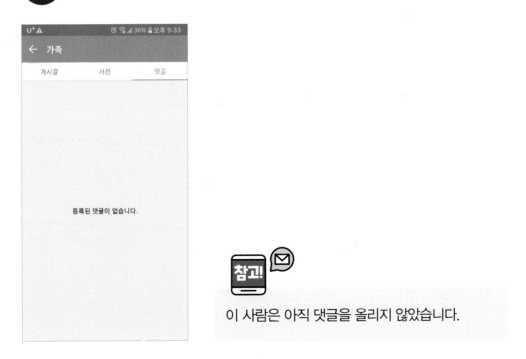

10) 채팅하기

밴드 내의 채팅은 밴드에 접속해야만 할 수 있습니다.

01 내가 가입한 밴드를 누릅니다. [채팅]을 누릅니다.

02 채팅에 참여할 방을 누릅니다. [메시지 입력]란을 누릅니다.

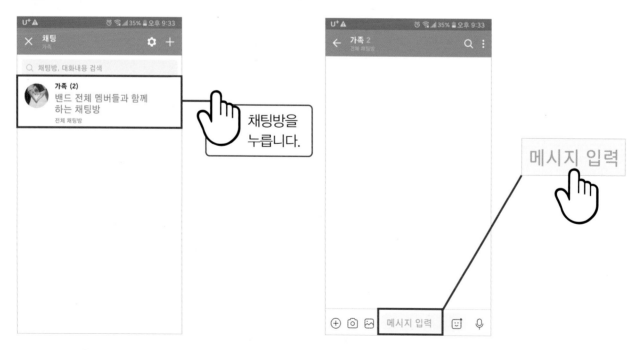

03 [스티커]를 누릅니다. 보내고 싶은 스티커를 누릅니다.

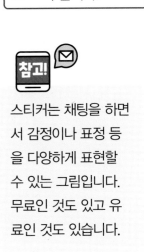

원하는 스티커를
누릅니다.

참고!

스티커는 채팅을 하면
서 감정이나 표정 등
을 다양하게 표현할
수 있는 그림입니다.
무료인 것도 있고 유
료인 것도 있습니다.

04 [보내기(➤)]를 누릅니다. 스티커가 보내집니다.

05 스티커를 다운받기 위해 을 누릅니다. ┇을 누릅니다.

기본적인 스티커는 다운받지 않고도 사용할 수 있지만 다른 스티커를 사용하기 위해서는 다운을 받아야 합니다.

06 [마이 스티커]를 누릅니다. [전체 다운로드]를 누릅니다.

전체 다운로드 (5)

다운로드가 끝나면 ←를 누릅니다. 한 번 더 누릅니다.

08 한 번 더 ←를 눌러 채팅방으로 돌아옵니다. 보내고 싶은 스티커를 선택해 보냅니다.

보내고 싶은 스티커를 누른 후 ▶를 누릅니다.

무료 스티커는 리더가 아닌 이상 모두 7종류를 사용할 수 있습니다. 해당 스티커를 누르면 사용할 수 있는 스티커가 나옵니다. 화면의 ● ● ● ● ● ● 을 움직이면 더 많은 종류의 스티커를 사용할 수 있습니다.

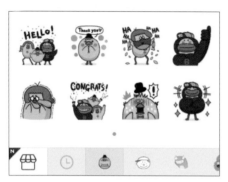

밑에 있는 스티커를 누르면 위에 나오는 스티커 종류들이 달라집니다.

손으로 누른 채로 왼쪽으로 밀면 다른 스티커들이 나옵니다.

11) 채팅방 대화 삭제하기

채팅방에서 나오려면 다음과 같이 하면 됩니다.

 밴드에서 [채팅]을 누릅니다. 채팅방을 2~3초간 누릅니다.

02 [나가기]를 누릅니다. [예]를 누릅니다.

03 참여하고 있는 채팅방이 사라집니다.

12) 밴드 전체 알림 설정하기

밴드에 글이 올라오거나 채팅을 할 때마다 푸시 기능이 알림과 함께 내용을 알려 줍니다. 때로는 이러한 알림이 생활에 지장을 줄 수 있습니다. 전체 밴드에서 오는 알림을 소리 대신 진동으로 변경해 보겠습니다.

01 밴드에서 ≡ 을 누릅니다. [설정]을 누릅니다.

[푸시 알림]을 누릅니다. 기본 설정 상태입니다. [글 알림]을 누릅니다.

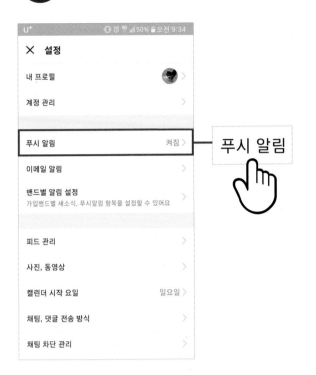

푸시 알림

글 알림
소리 ON, 진동 ON, 팝업 OFF

참고! 📧

기본값은 밴드에
글이 올라오거나
채팅을 할 때 소리
를 내면서 알려 줍
니다.

03 [사용] 옆의 ⬤◯을 눌러서 ◯⬤으로 만듭니다. ← 를 누릅니다.

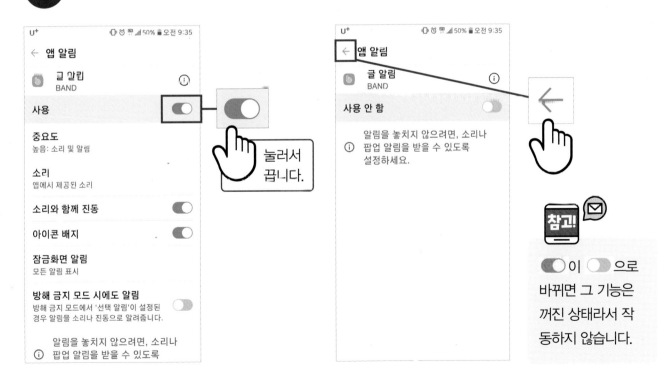

눌러서
끕니다.

참고! 📧

⬤◯이 ◯⬤으로
바뀌면 그 기능은
꺼진 상태라서 작
동하지 않습니다.

04 [글 알림]이 꺼져 있다고 나옵니다. [채팅 알림]을 누릅니다.

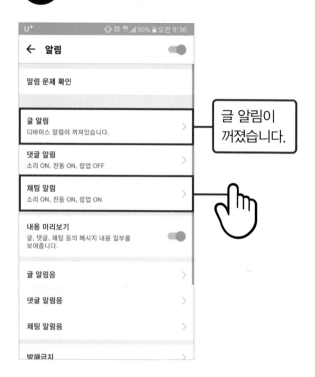

글 알림이
꺼졌습니다.

05 [사용] 옆의 ⬤〇을 눌러서 〇〇으로 만듭니다. ← 를 누릅니다.

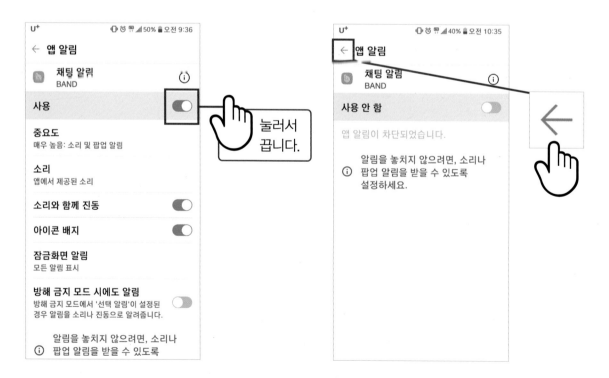

눌러서
끕니다.

[채팅 알림]이 꺼져 있다고 나옵니다. ←를 누릅니다. ✕를 눌러 초기 화
면으로 옵니다.

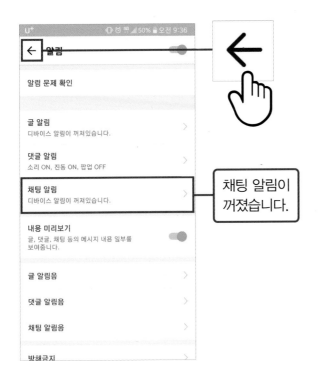

채팅 알림이
꺼졌습니다.

13) 밴드 전체 알림 받지 않기

밴드의 전체 알림을 받지 않고 내가 필요한 때만 밴드에 들어가서 글을 읽을 경우의
알림을 설정해 보겠습니다.

 밴드에서 ☰을 누릅니다. [설정]을 누릅니다.

02 [푸시 알림]을 누릅니다. [알림]의 ⬤◯을 눌러 ◯⬤으로 만듭니다.

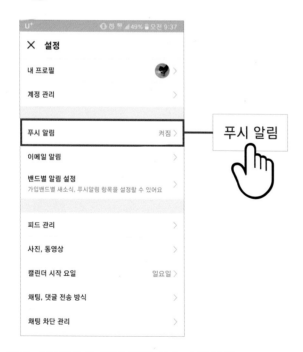

푸시 알림

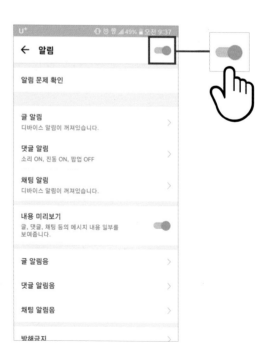

03 알림이 꺼졌습니다. ← 를 누릅니다. ✕ 를 누릅니다.

04 초기 화면으로 옵니다.

14) 밴드별로 알림 설정하기

밴드에 글이 올라오거나 채팅을 할 때마다 푸시 기능이 알람과 함께 내용을 알려 줍니다. 때로는 이러한 알림이 생활에 지장을 줄 수 있습니다. 밴드별로 알림을 설정하도록 하겠습니다.

01 밴드에서 ☰을 누릅니다. [설정]을 누릅니다.

02 [밴드별 알림 설정]을 누릅니다. 알림을 설정한 밴드를 누릅니다.

밴드별 알림 설정

알림을 설정
하고 싶은
밴드를 누릅니다.

03 [푸시알림 받기] 옆의 🔵 을 눌러 ⚪ 으로 만듭니다. ← 를 누릅니다.

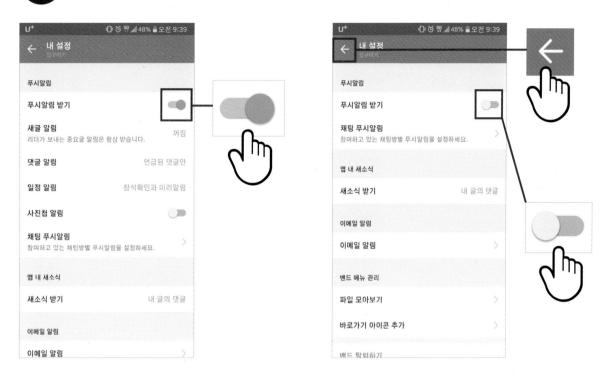

04 [밴드별 알림]에서 알림을 변경할 밴드를 누릅니다. [채팅 푸시알림]을 누릅니다.

알림을
변경할
밴드를 누릅니다.

채팅 푸시알림

05 알림방을 설정할 채팅창을 누릅니다. [푸시알림] 창이 나타납니다.

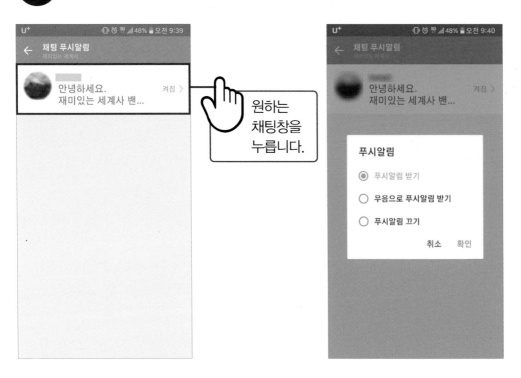

원하는 채팅창을 누릅니다.

06 [푸시알림 끄기]를 누른 후 [확인]을 누릅니다. 채팅방 알림이 [꺼짐]으로 된 것을 확인한 후 ←를 누릅니다.

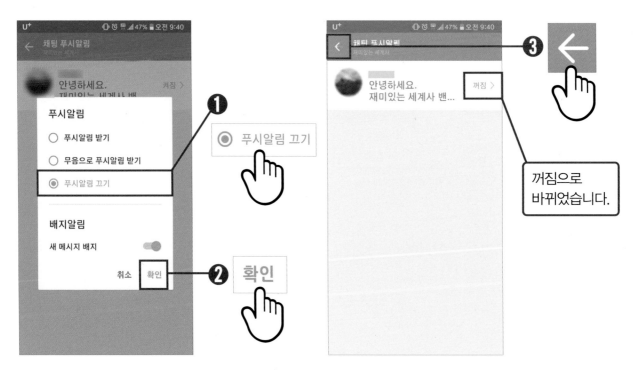

꺼짐으로 바뀌었습니다.

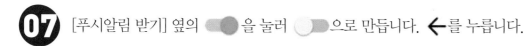

07 [푸시알림 받기] 옆의 ⬤─ 을 눌러 ─⬤으로 만듭니다. ⬅를 누릅니다.

알림이
꺼졌습니다.

MEMO

제17장

메시지 이용하기

스마트폰의 문자 보내기 기능을 통해 문자를 보내 보겠습니다.

Section 01 메시지 이용하기

스마트폰의 문자 보내기 기능을 통해 문자를 보내 보겠습니다.

01 메시지 앱을 찾아 누릅니다. ➕ 를 누릅니다.

02 검색어 입력란에 문지를 보내고자 하는 사람의 이름을 검색합니다. 누릅니다.

메시지를 보낼 사람의 이름을 입력합니다.

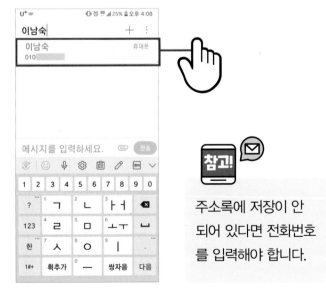

참고!

주소록에 저장이 안 되어 있다면 전화번호를 입력해야 합니다.

메시지를 입력합니다. 입력 후 [전송]을 누릅니다.

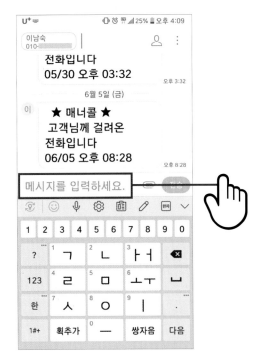

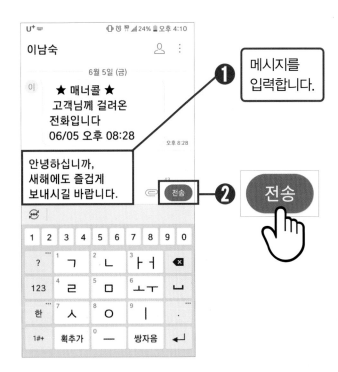

① 메시지를
입력합니다.

② 전송

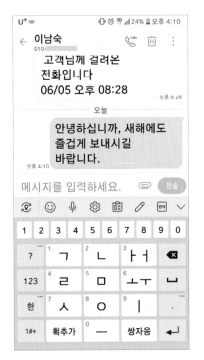 메시지가 전송됩니다.

Section 02

단체 메시지 보내기

여러 명에게 사진과 메시지를 보내 보겠습니다.

01 문자로 들어가 ➕ 를 누릅니다.

02 문자를 보내고자 하는 사람의 이름을 검색합니다. 누릅니다.

메시지를 보낼 사람의 이름을 입력합니다.

03 이 과정을 반복하여 여러 명을 추가합니다.

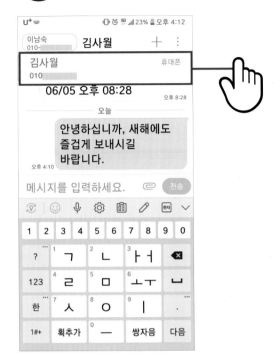

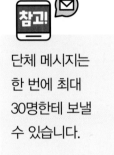

단체 메시지는
한 번에 최대
30명한테 보낼
수 있습니다.

 04 을 누릅니다. [이미지]를 누릅니다.

05 보내고자 하는 사진을 누릅니다. 메시지를 입력합니다.

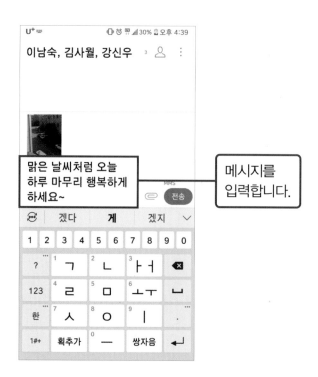

메시지를
입력합니다.

06 메시지를 전송하면 여러 명에게 문자를 보낼 수 있습니다.

전송

Section 03

예약 전송하기

시간을 정해 정해진 시간에 문자가 전달되도록 예약해 보겠습니다.

01 ⊞를 누릅니다. 문자를 보내고자 하는 사람을 입력합니다.

메시지를 보낼 사람을 입력합니다.

02 메시지를 입력합니다. ⋮을 누릅니다. [예약 전송]을 누릅니다.

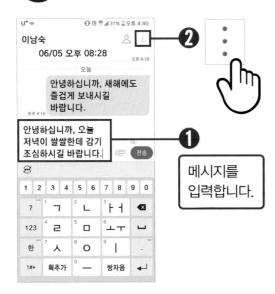

메시지를 입력합니다.

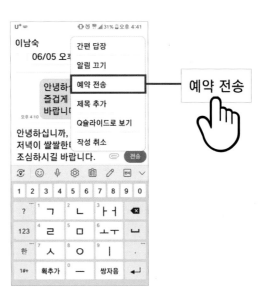

예약 전송

03 날짜와 시간을 설정할 수 있습니다. [시간 설정]을 누릅니다.

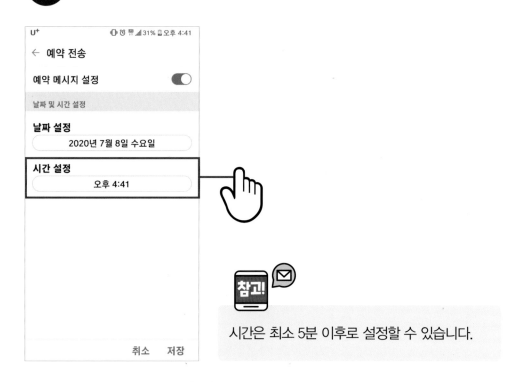

시간은 최소 5분 이후로 설정할 수 있습니다.

04 시간을 [오후 7시 10분]으로 바꿉니다. [확인]을 누릅니다.

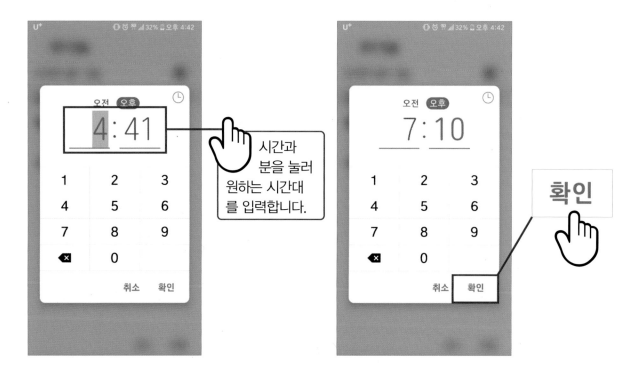

시간과 분을 눌러 원하는 시간대를 입력합니다.

확인

05 [저장]을 누릅니다.

저장

06 [예약]을 누릅니다. 지정된 시간에 문자가 보내집니다.

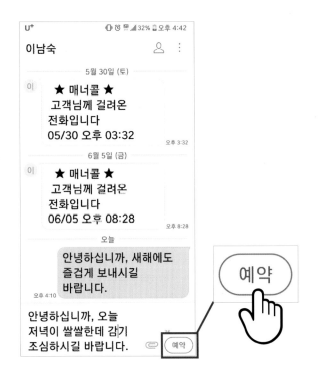

예약

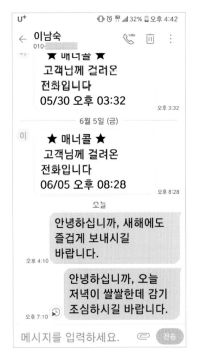

 참고!

🕐를 누르면 지금 전송, 시간 재설정, 메시지 편집을 할 수 있습니다. 보내기 5분 전까지만 가능합니다.

07 예약 전송을 취소하겠습니다. 전송될 메시지를 손가락으로 2~3초간 누릅니다. [삭제]를 누릅니다.

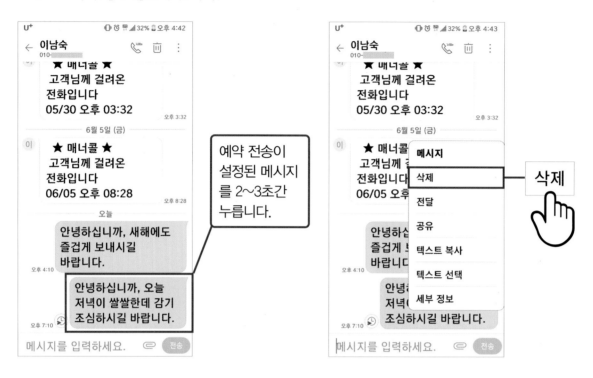

예약 전송이 설정된 메시지를 2~3초간 누릅니다.

삭제

08 [삭제]를 또 누릅니다. 예약 전송이 취소되었습니다.

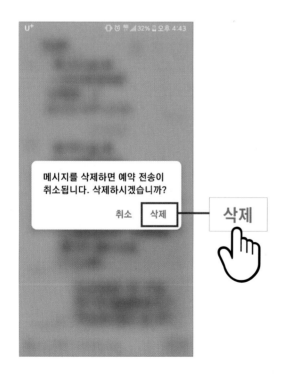

메시지를 삭제하면 예약 전송이 취소됩니다. 삭제하시겠습니까?

취소   삭제

삭제

제 18장

작은 글씨를
크게 보기

작은 글씨를 크게 확대해서 볼 수 있는 돋보기 앱을 설치해서

아주 작은 글씨를 읽어 보겠습니다.

01

돋보기 앱 설치하기

[Play 스토어]에서 [돋보기] 앱을 다운받아 설치해 보겠습니다.

제품 포장에 있는 작은 글씨를 확대해서 읽어 보겠습니다.

◀ 일반 카메라

◀ 돋보기

01 [Play 스토어]를 누릅니다. 검색어 입력란을 누릅니다.

02 검색어 입력란에 '돋보기'라고 입력한 후 '돋보기'를 누릅니다. 설치할 앱을
누릅니다.

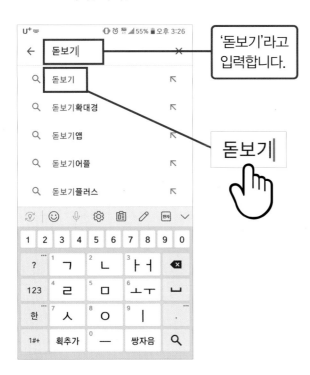

'돋보기'라고
입력합니다.

돋보기

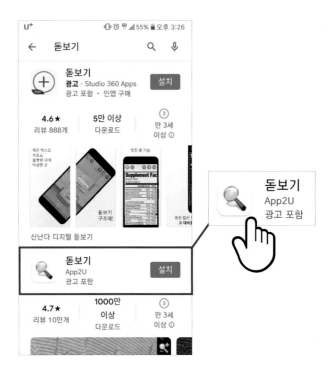

돋보기
App2U
광고 포함

03 [설치]를 누릅니다.

설치

설치가 완료되면 [열기]를 누릅니다.

처음 실행할 때만 [열기]를 이용합니다. 이후에는 [내 돋보기]를 눌러서 실행해야 합니다.

Section 02

작은 글씨 읽어 보기

작은 글씨를 확대해서 읽어 보고 플래시 기능을 이용하여 어두운 곳을 밝게 해 보겠습니다.

01 [돋보기] 앱이 실행되면 [허용]을 누릅니다. [확인]을 누릅니다.

허용

확인

02 화면을 보기 좋게 확대합니다.

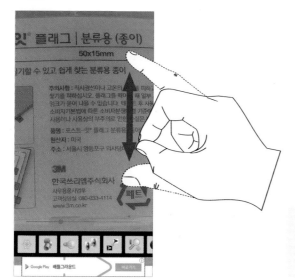

화면의 확대 비율은 사용자가
조절하면 됩니다.

03 를 눌러서 플래시를 켜서 밝은 상태에서 읽도록 합니다. 화면이 확대되면서 흐릿하게 보이므로 을 눌러서 화면을 또렷하게 합니다.

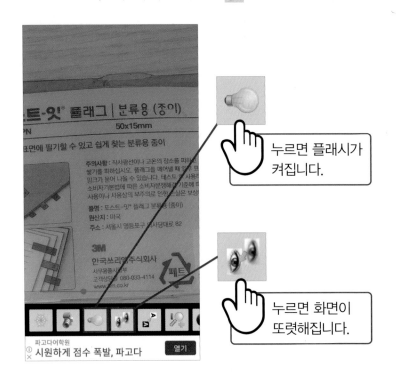

누르면 플래시가 켜집니다.

누르면 화면이 또렷해집니다.

04 어두운 곳에서 플래시를 누릅니다. 플래시가 켜지면서 어두운 곳에 있는 사물을 볼 수 있습니다.

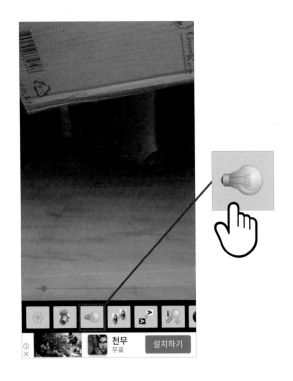

참고!

플래시를 오랫동안 사용하면 배터리가 빨리 방전되므로 너무 오래 사용하지 않도록 하는 것이 좋습니다.

제 19장

생일 축하카드 만들기

사진과 글자, 예쁜 스티커를 넣어서 생일 축하카드를 만들어 보겠습니다.

Section
01

생일카드 앱 설치하기

생일카드를 만들기 위해 생일카드 앱을 설치해 보겠습니다.

01 앱에서 [Play 스토어]를 눌러서 실행한 후 입력란을 누릅니다.

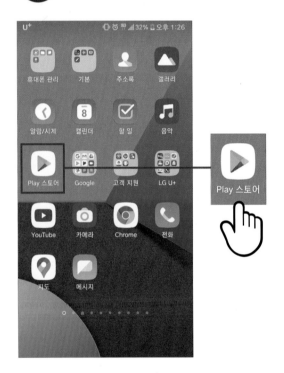

02 입력란에 'name on birthday cake'라고 입력한 후 [검색(🔍)]을 누릅니다.
[Name On Birthday Cake]를 누릅니다.

03 [설치]를 누릅니다. [열기]를 누릅니다.

생일카드 만들기

생일카드 앱을 설치했으면 이제 생일카드를 만들어 보겠습니다.

01 작업을 허용하겠느냐는 메시지가 나타나면 [허용]을 누릅니다. [START]를 누릅니다.

허용

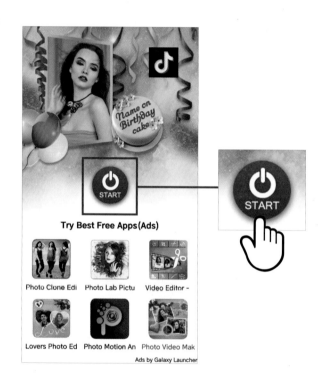

광고나 알림이 나오면 ✕ 나 [닫기]를 누릅니다.

02 [Photo on Cake]를 누릅니다. 광고나 알림이 나오면 ✕ 나 [닫기]를 누릅니다.

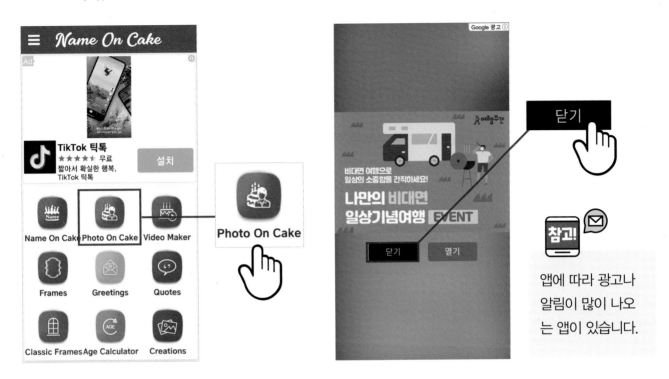

앱에 따라 광고나 알림이 많이 나오는 앱이 있습니다.

03 케이크 모양 중에서 카드에 사용할 케이크를 누릅니다. [갤러리]를 선택하고 [한 번만]을 누릅니다.

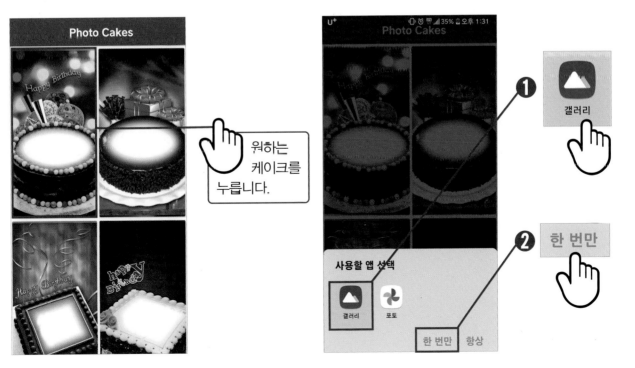

워하는 케이크를 누릅니다.

04 케이크의 배경으로 사용할 사진이 있는 앨범을 누릅니다. 사용할 사진을
누릅니다.

사진이
있는 앨
범을 누릅니다.

원하는
사진을
누릅니다.

참고!

앨범의 종류는
사용자의 스마트
폰에 따라 다릅
니다.

05 케이크가 나타납니다. 가운데를 누르면 사진이 상단에 보입니다.

가운데를
누릅니다.

누르면 사진이
보입니다.

06 가운데를 누른 상태로 아래로 내려서 사진을 케이크 가운데에 놓습니다.
손가락을 뗍니다.

손가락을 떼면
사진이 고정됩니다.

07 엄지손가락과 검지손가락을 이용하여 원하는 크기만큼 사진을 확대합니다.

사진을
확대합니다.

08 사진을 눌러서 위치를 조정합니다. [Done]을 누릅니다. [Name]을 누릅니다.

09 광고나 알림이 나오면 ✕ 나 [닫기]를 누릅니다. 텍스트를 입력할 수 있습니다.

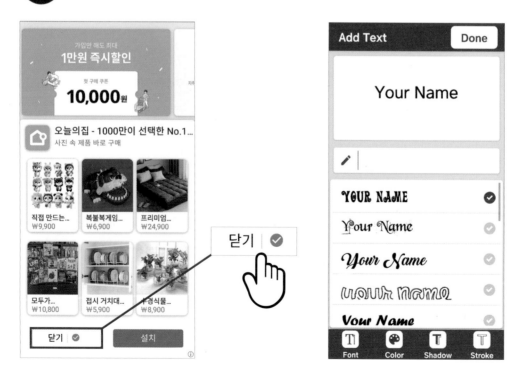

10 원하는 텍스트를 입력합니다. 입력 후 스크린을 위로 올려 적당한 서체를
선택합니다. [Color]를 누릅니다.

11 색깔을 바꿀 수 있습니다. 왼쪽으로 스크린을 이동하여 원하는 글자색을
선택합니다.

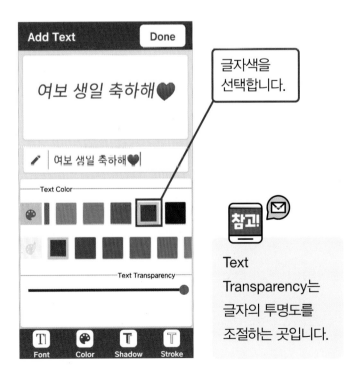

12 아래의 빈 곳에서 왼쪽으로 스크린을 이동합니다. 텍스트의 외곽 효과를 줄 수 있는 곳이 나옵니다.

빈 곳에서
해야 합니다.

13  를 선택하여 원하는 외곽 색을 선택합니다. [확인]을 누릅니다.

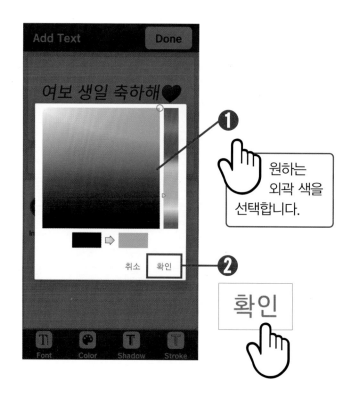

❶ 원하는
외곽 색을
선택합니다.

❷

확인

14 [Intencity]를 오른쪽으로 움직여 외곽 효과의 퍼짐 정도를 높입니다. [Done]을 선택합니다.

퍼짐이 크게 나타나 외곽 효과가 확실해집니다.

15 광고나 알림이 나오면 ✕ 나 [닫기]를 누릅니다. 텍스트가 삽입되었습니다.

텍스트가 삽입되었습니다.

16 텍스트를 한 번 터치합니다. 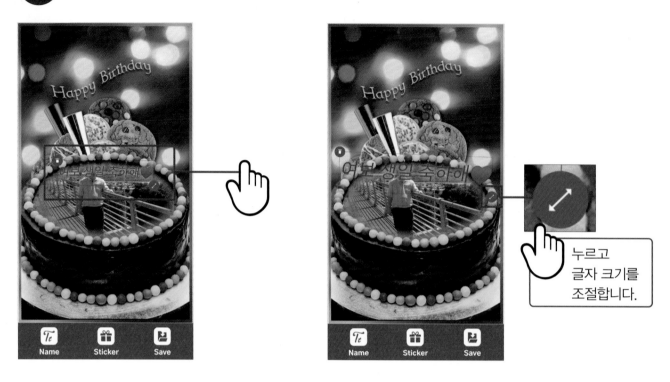를 누르고 손가락으로 글자를 확대합니다.

누르고
글자 크기를
조절합니다.

17 텍스트를 움직이거나 회전시켜 원하는 위치에 놓습니다. [Save]를 누릅니다.

❶ 눌러서
이동시킵니다.

❷ Save

18 광고나 알림이 나오면 ✕ 나 [닫기]를 누릅니다.  을 누릅니다.

19 [홈 버튼(○)]을 눌러 바탕화면으로 갑니다. [갤러리]로 들어갑니다.

20 완성한 생일카드가 따로 생성되어 있습니다. 앨범을 누른 뒤 사진을 눌러 확인
합니다.

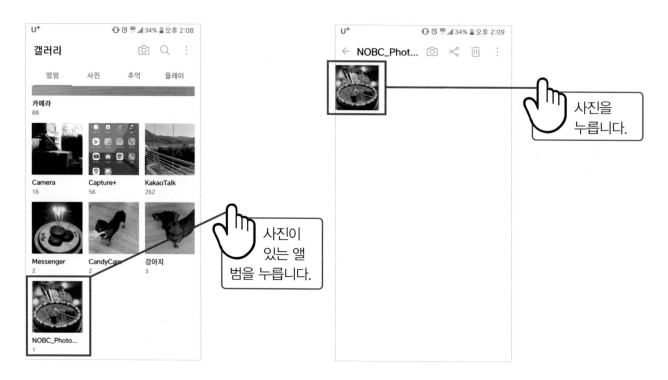

사진이 있는 앨범을 누릅니다.

사진을 누릅니다.

제 20장

고스톱 하기

어른들이 가장 많이 하는 게임인 고스톱을 다운받아서
고스톱을 해 보겠습니다.

Section
01

고스톱 앱 설치하기

[play 스토어]에서 고스톱 앱을 다운받아 설치해 보겠습니다.

01 [Play 스토어]를 누릅니다. 검색어 입력란을 누릅니다.

02 검색어 입력란에 '고스톱'이라고 입력한 후 [검색(🔍)]을 누릅니다. [한게임 신맞고] 앱을 누릅니다.

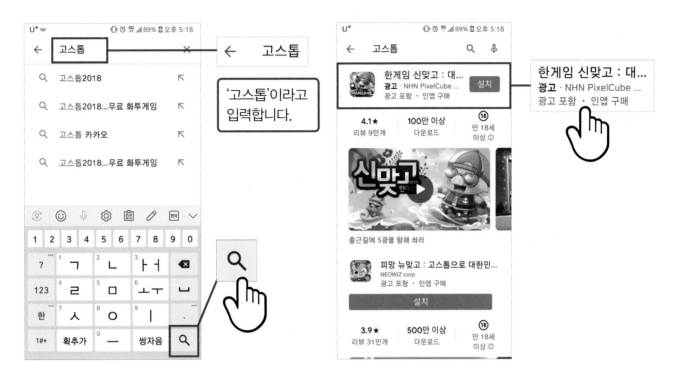

← 고스톱

'고스톱'이라고 입력합니다.

한게임 신맞고 : 대...
광고 · NHN PixelCube ...
광고 포함 · 인앱 구매

03 [설치]를 누릅니다. 고스톱은 성인 게임이기 때문에 성인 인증 화면이 나타납니다.

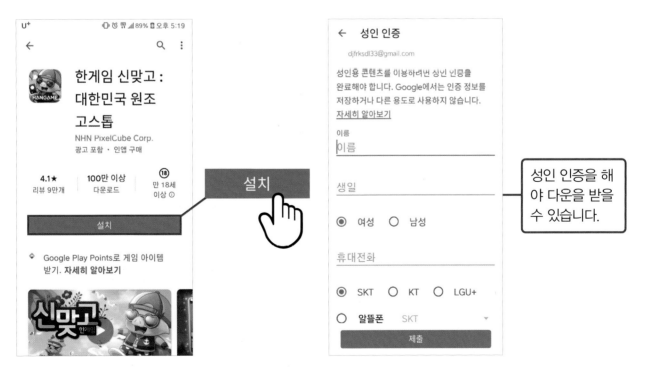

설치

성인 인증을 해야 다운을 받을 수 있습니다.

이름을 입력합니다. 입력 후 [생년월일]을 누릅니다. 달력의 연도를 누릅니다.

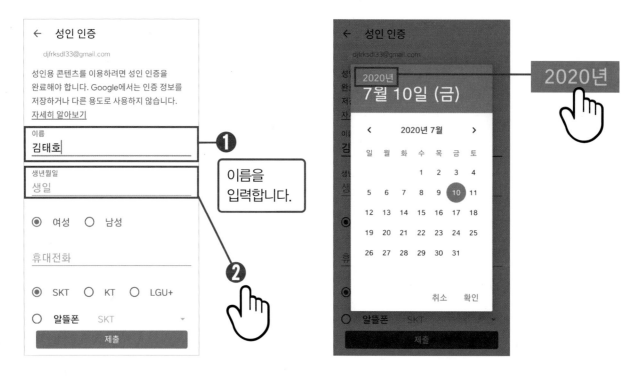

이름을
입력합니다.

 화면을 아래로 내려 자신의 생년을 찾아 선택합니다. [확인]을 누릅니다.

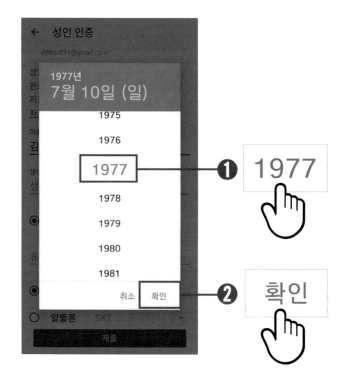

06 화면을 좌우로 이동시켜 자신의 생일을 찾아 선택합니다. [확인]을
누릅니다.

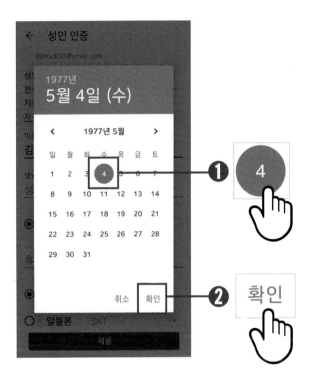

07 성별을 선택하고 휴대전화 번호를 입력합니다. 통신사를 선택합니다.

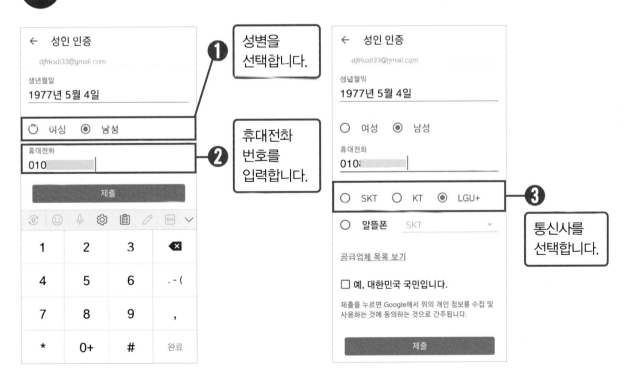

08 대한민국 국민인지 묻는 체크를 누릅니다. [제출]을 누릅니다.

09 코드 입력 창이 나옵니다. 잠시 후 인증번호 메시지가 오면 인증번호를 확인합니다.

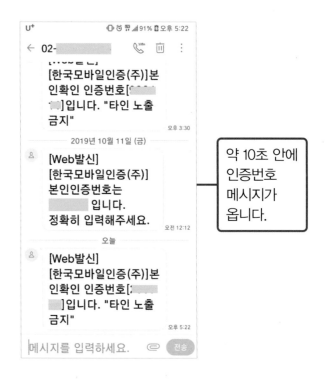

약 10초 안에 인증번호 메시지가 옵니다.

10 인증번호를 확인하고 스마트폰의 [취소 버튼(◁)]을 눌러 코드 입력 창으로 돌아옵니다. 인증번호를 입력하고 [인증]을 누릅니다. 설치가 완료되면 [열기]를 누릅니다.

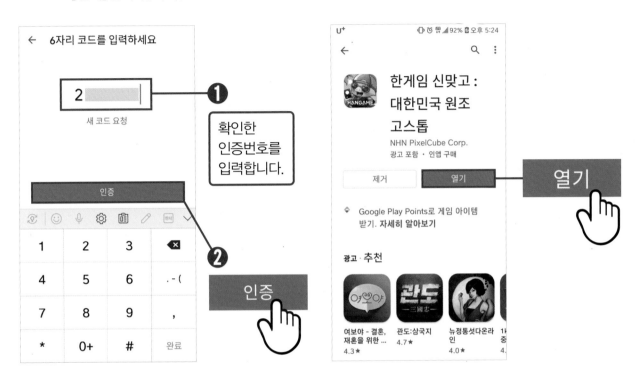

11 화면이 가로로 바뀝니다. [확인]을 누릅니다. [허용]을 누릅니다.

12 [허용]을 또 누릅니다. 게임에 접속 중이라고 뜹니다.

허용

13 [다운로드]를 누릅니다. 다운로드가 끝나면 로그인할 수단을 누릅니다.

다운로드

NAVER

참고!

여기서는 네이버 아이디를 통해
로그인하도록 하겠습니다.

14 연동할 아이디를 누릅니다.

15 스크린을 위로 올려 [동의하기]를 누릅니다.

16 세로로 화면이 바뀝니다. [아래에 모두 동의합니다]를 체크합니다. [동의]를 누릅니다.

17 다시 가로로 화면이 바뀝니다. [위 내용에 모두 동의합니다]를 누릅니다.
[확인]을 누릅니다.

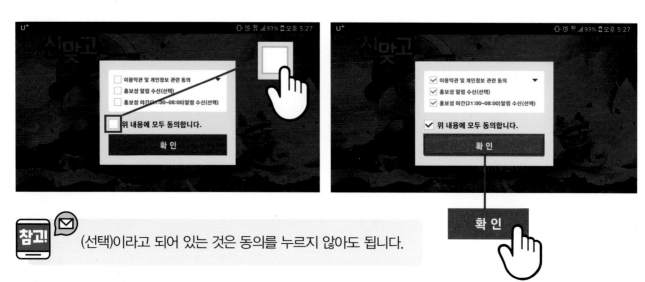

참고! (선택)이라고 되어 있는 것은 동의를 누르지 않아도 됩니다.

18 별명을 입력합니다.

별명을
입력합니다.

19 [확인]을 누릅니다. [신맞고 입장]을 누릅니다.

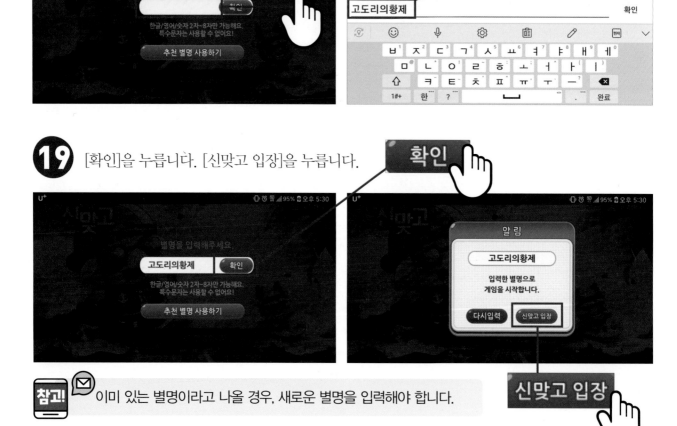

참고! 이미 있는 별명이라고 나올 경우, 새로운 별명을 입력해야 합니다.

20 [확인]을 누릅니다. 광고가 나오면 X를 누릅니다.

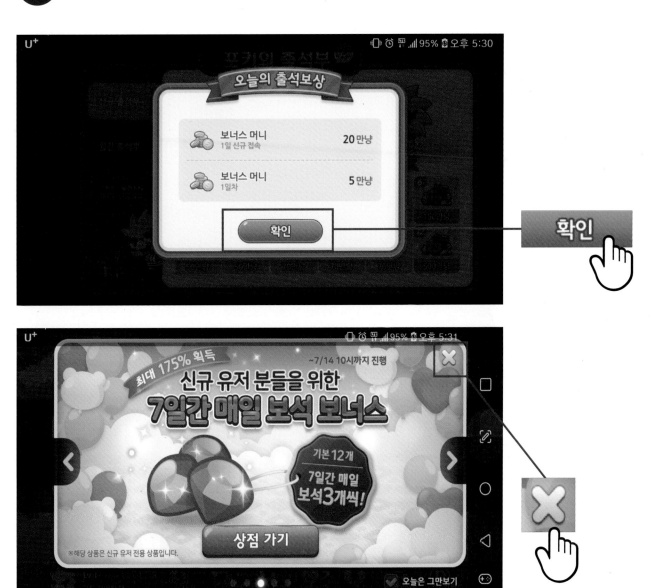

X를 누릅니다. 원하는 방에 들어가면 고스톱을 칠 수 있습니다.

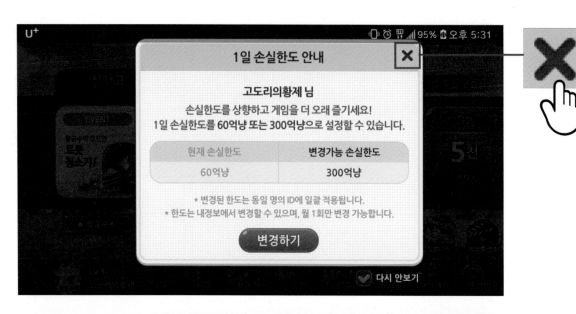

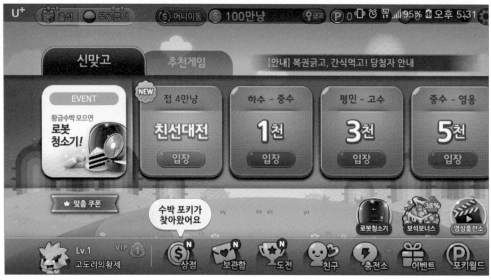

어른들을 위한 가장 쉬운
스마트폰